《百年巨匠》编委会

总 顾 问：蔡 武　胡振民　龚心瀚　王文章

顾　　问：刘大为　王明明　沈 鹏　吕章申　苏士澍

　　　　　尚长荣　濮存昕　傅庚辰　莫 言

主　　任：张自成

编　　委：张广然　何 洪　周 成

主　　编：刘铁巍

编 辑 组：张 玮　孙 霞　许海意　张晓曦　王 媛

　　　　　张朔婷　陈博洋

百年巨匠
Century Masters

鲁 迅

黄乔生 ◎ 著

文物出版社

图书在版编目（CIP）数据

鲁迅 / 黄乔生著． -- 北京：文物出版社，2017.9
（百年巨匠）
ISBN 978-7-5010-5169-4

Ⅰ．①鲁… Ⅱ．①黄… Ⅲ．①鲁迅（1881-1936）
-传记 Ⅳ．①K825.6

中国版本图书馆CIP数据核字(2017)第165307号

百年巨匠·鲁迅

著　　者　黄乔生

总 策 划　刘铁巍　杨京岛
责任编辑　孙　霞
责任印制　张道奇
责任校对　安艳娇

出版发行　文物出版社
社　　址　北京市东直门内北小街2号楼
网　　址　http://www.wenwu.com
邮　　箱　web@wenwu.com
制版印刷　北京图文天地制版印刷有限公司
经　　销　新华书店
开　　本　710×1000　1/16
印　　张　14.5
版　　次　2017年9月第1版
印　　次　2017年9月第1次印刷
书　　号　ISBN 978-7-5010-5169-4
定　　价　49.80元

本书版权独家所有，非经授权，不得复制翻印

宣传巨匠推广大师 为时代树立标杆

蔡武

文化部原部长 《百年巨匠》总顾问

  文化精品创作工程包括重大出版工程、影视精品工程。《百年巨匠》就是跨界融合的一个重大文化工程，它深具创意，立意高远，选题准确、全面，极富特色，内容精彩纷呈，内涵博大精深，基本涵盖了我国20世纪这一特定历史时期在文学艺术方面的成就及其代表人物。它讲述的不仅仅是各位巨匠的传奇人生，更是他们的文学艺术成就同民族、国家，同历史、文化，同当代世界，同20世纪风云激荡的年代，以及同人民的命运都是紧密相连的。他们的成就对整个社会产生了重要而深远的影响。因此，立足21世纪的当今，系统全面科学解读巨匠人生与大师艺术，有着特殊而积极的意义，是社会和时代的要求。

  作为一个有影响力的文化品牌，《百年巨匠》的表现形式也是多样的。《百年巨匠》丛书和纪录片互动互补，是出版界与影视界的跨界合作与融合发展，形成了叠加影响和联动效应，进一步丰富和扩大了品牌的内涵和外延。在信息社会"四屏"时代，用这样的一种方式来表达重大深刻的主题，具有重大的创新意义，是对中华优秀文化传承发展进行创造性转化、创新性发展的成功探索。体现出强烈的历史感、时代性、民族性，具有鲜明的中国特色，必将产生深远的影响。

一个民族自立于世界民族之林，离不开民族的自信心与自尊心。而民族的自信心和自尊心有其思想基础和人文轨迹，即对民族文化的重要代表人物和优秀传统应当有比较全面的了解并进行广泛传播。一个国家的历史需要记录，文化艺术同样如此。《百年巨匠》丛书秉承文献性、真实性、生动性原则，客观还原大师原貌，以更为宏阔的历史维度对大师们所经历的时代给予不同视角的再现和解读，为读者开启一扇连接20世纪中国近现代文化艺术史的大门。

巨匠们的艺术成就、人生经历、精神高度，彰显了中华民族文化在这个时代所能达到的高度，不仅有文学艺术上和文化史上的价值，而且有人文思想美学上的划时代性贡献。《百年巨匠》可以增强我们的文化自信和实现中华民族伟大复兴的意志。

《百年巨匠》还有一个重要意义，它能够激励我们后来人砥砺奋进，勇攀高峰。这些文化艺术巨匠有着深厚的爱国情怀和强烈的民族责任感，他们将个人荣辱兴衰与国家、民族命运联系起来，用文化艺术去改变现实，实现理想。在新旧道德剧烈冲撞中，他们所表现出来的高风亮节是后来人的楷模。他们所传导出的强大正能量，会激励一代又一代广大读者，对促进我们整个民族新一代的教育与成长，有着非常重要的启迪意义。他们的精神是引领和鼓舞我们再出发的航标与风帆。

《百年巨匠》也给了我们很多的启示，可以帮助我们回答和破解"钱学森之问"。20世纪产生了那么多的大师，新世纪、新时期我们应该如何助推产生出新的大师？这些巨匠的成长轨迹给我们揭示了大师们成长的规律，如要深具家国情怀，要胸怀高远理想；要深深扎根于人民，与人民同呼吸共命运；既继承民族优秀传统文化,又要勇于创新;并以非常包容的心态去拥抱一切文明成果等。

《百年巨匠》仅反映了20世纪百年的文化形态和人文生态,我们应该把这个事业延续下去,面向21世纪。对艺术大师的发掘是通过他们的作品来体现的,而他们的作品既是中华文化的传承,又进一步丰富、创新了中华文化的构成。从这个意义上讲,宣传这些艺术巨匠就是弘扬中华文化。这些艺术巨匠作为中国名片,拥有较强的国际影响力,这一工程的推进,可以有效推动中华文化和中国出版走出去。不仅仅局限于艺术领域,还可以从广度上、外延上扩大至整个文化领域,甚至把科技、教育等领域的巨匠们也挖掘展示出来。

一个国家文化事业的繁荣与发展,既需要广大艺术家的努力,也需要大师巨匠的引领。宣传巨匠,推广大师,为时代树立标杆,无疑是我们责无旁贷的历史责任。巨匠之所以是巨匠,大师之所以能成为大师,是因为他们以具有强烈时代感和创新精神的作品站在了巅峰。而他们巨作的背后,是令人钦佩的工匠精神,这种工匠精神的发掘和弘扬在当下具有重要的现实意义。同时,这百年的文学艺术史已有的众多成果,从学术上也要系统总结。而长期以来一直困扰我们的一大难题,就是如何把这些重要的学术研究成果进行转化和再创造,使之成为可被大众接受、雅俗共赏的精品佳作。从这个意义上讲,《百年巨匠》丛书的出版也是非常值得赞许的。

当前,我们的文化艺术事业虽然取得了长足的进步,但是相对于时代的重任,人民的厚望,尚有作品趋势跟风、原创性匮乏、模仿严重等问题,希冀大家在《百年巨匠》作品中得到更多的启迪和感悟。

我们国家正处在重要的历史时期，为我们文艺创作提供了丰沃的土壤和广阔的空间。中华民族的伟大复兴，呼唤一切有为的文艺工作者，为繁荣中国特色社会主义文化、建设社会主义文化强国，奉献毕生的才华和创作热情，将高度的社会责任感和历史使命感化作文艺创作的巨大动力，创作出无愧于时代、无愧于祖国和人民的优秀文艺作品，让我们这个时代的文艺创作异彩纷呈，光耀世界。

序

鲁迅是中国现代著名的文学家和思想家，中国新文学的开山大师。他以犀利的文笔，深刻的思想，高度的自省意识，强烈的批判精神，对中国现代文学、思想产生了深远的影响。

为这样一位文学巨匠作传，是一项艰难的工作。

鲁迅早逝，没有留下一部自传。即便寿命更长，恐怕也未必愿意写自传。他曾谦虚地说，世上像他这样的人很多，要都做起传记来，传记将塞破图书馆。但因为应别人约请，他也写过简单的自传。例如，应《阿Q正传》俄文译者王希礼（瓦西里耶夫）之约写过一个"传略"，附在《俄文译本〈阿Q正传〉序》的后面。后来，在上海，青年作家柔石根据这篇文字整理补充，经他本人修订，称为《鲁迅自传》，所述经历止于1930年：

> 我于一八八一年生于浙江省绍兴府城里的一家姓周的家里。父亲是读书的；母亲姓鲁，乡下人，她以自修得到能够看书的学力。听人说，在我幼小的时候，家里还有四五十亩水田，并不很愁生计。但到我十三岁时，我家忽而遭了一场很大的变故，几乎什么也没有了；我寄住在一个亲戚家里，有时还被称为乞食者。我于是决心回家，而我的父亲又生了重病，约有三年多，死去了。我渐至于连极少的学费也无法可想；我的母亲便给我筹办了一点旅

费，教我去寻无需学费的学校去，因为我总不肯学做幕友或商人，——这是我乡衰落了的读书人家子弟所常走的两条路。

其时我是十八岁，便旅行到南京，考入水师学堂了，分在机关科。大约过了半年，我又走出，改进矿路学堂去学开矿，毕业之后，即被派往日本去留学。但待到在东京的预备学校毕业，我已经决意要学医了。原因之一是因为我确知道了新的医学对于日本维新有很大的助力。我于是进了仙台（Sendai）医学专门学校，学了两年。这时正值俄日战争，我偶然在电影上看见一个中国人因做侦探而将被斩，因此又觉得在中国医好几个人也无用，还应该有较为广大的运动……先提倡新文艺。我便弃了学籍，再到东京，和几个朋友立了些小计划，但都陆续失败了。我又想往德国去，也失败了。终于，因为我底母亲和几个别的人很希望我有经济上的帮助，我便回到中国来；这时我是二十九岁。

我一回国，就在浙江杭州的两级师范学堂做化学和生理学教员，第二年就走出，到绍兴中学堂去做教务长，第三年又走出，没有地方可去，想在一个书店去做编译员，到底被拒绝了。但革命也就发生，绍兴光复后，我做了师范学校的校长。革命政府在南京成立，教育部长招我去做部员，移入北京；后来又兼做北京大学、师范大学、女子师范大学的国文系讲师。到一九二六年，有几个学者到段祺瑞政府去告密，说我不好，要捕拿我，我便因了朋友林语堂的帮助逃到厦门，去做厦门大学教授。十二月走出，到广东做了中山大学教授，四月辞职。九月出广东，一直住在上海。

我在留学时候，只在杂志上登过几篇不好的文章。初做小说是一九一八年,因为一个朋友钱玄同的劝告,做来登在《新青年》上的。这时才用"鲁迅"的笔名(penname);也常用别的名字做一点短论。现在汇印成书的有两本短篇小说集:《呐喊》,《彷徨》。一本论文,一本回忆记,一本散文诗,四本短评。别的,除翻译不计外,印成的又有一本《中国小说史略》,和一本编定的《唐宋传奇集》。

1934年,鲁迅和茅盾应美国人伊罗生之托选编一部题名《草鞋脚》的中国现代短篇小说集。鲁迅应编者之约,为该书写了一个自传,却比1930年那一个更简短,只在后面加了一段介绍自己在广州、上海生活情况的文字:"又约半年,国民党北伐分明很顺利,厦门的有些教授就也到广州来了,不久就清党,我一生从未见过有这么杀人的,我就辞了职,回到上海,想以译作谋生。但因为加入自由大同盟,听说国民党在通缉我了,我便躲起来。此后又加入了左翼作家联盟,民权同盟。到今年,我的一九二六年以后出版的译作,几乎全被国民党所禁止。"

鲁迅一生虽然不像社会活动家那样广交游,而且寿命不长,但阅历算是丰富的。他在世五十多年,从清末到民国,正是中国近现代历史的大转折期。他经历的戊戌变法、义和团运动、辛亥革命、二次革命、"五四运动"、国共合作与分裂、"九一八事变"等等,都是具有重大历史意义的事件;他所受的教育,中西兼有,学科则从海军、矿学、医学到文学,涉猎颇广。就文学而言,他的渊深博雅的修养和丰沛奇突的想象力开辟了一代新风,他所做短篇小说和杂文达到了那个时代的最高水平。

鲁迅善于将自己的生活经历改造加工,作为创作的素材。他的散文集《朝花夕拾》——他称作"回忆记"——写的就是自己童年、少年和青年时代的经历,细节丰富,叙述生动。其他很多篇章,也往往涉及自己的生活经历。例如谈小说创作缘起的《呐喊·自序》,谈第一本文集写作甘苦的《写在坟的后面》,记叙自己经历过的事件的《谈所谓"大内档案"》,谈自己参与办刊的《我和语丝的始终》,回忆小时候看戏的《女吊》,叙述经过香港时不快遭遇的《再谈香港》等等,都是生动的自传材料。小说中也不乏自叙成分,如《伤逝》《弟兄》《孤独者》《在酒楼上》等的人物身上有他自己的影子,有些他本人承认,有些经亲朋好友指认。此外,他的一些怀人篇什,自然也会写到自己,如《为了忘却的记念》《忆韦素园君》《忆刘半农君》《关于太炎先生二三事》等。总之,鲁迅的很多作品都有自传的成分。

　　本人自叙和后人所做传记之间的差异值得注意。自叙或有自谦的成分,亲朋好友的回忆或不免溢美隐恶。相比之下,后人所做传记,如果对材料进行比较研究,或能得出更公平公正的判断。而且,传记能更全面地陈列资料,为人物画出完整的肖像。鲁迅自做"传略",因为各种原因,有些地方语焉不详,有些地方竟付阙如,使读者难以得到完整的印象。例如,鲁迅说他小的时候,家里还有四五十亩水田,但经了变故,几乎什么也没有了。"几乎"二字就不好判断,究竟还剩下多少?吃饭是否真成了问题?其实是卖掉一些保留一些,尚有二十来亩地保证基本口粮和家用。"去寻无需学费的学校",似乎是自己到处寻找,实际情况乃是南京水师学堂中有一位本家叔祖,招引本家子弟去就学;在东京,提倡新文艺的计划失败后,鲁迅"又想往德国去",为什么是德国?具体情况怎样?也不清楚;他从日本回国,是因为"母亲和几个别的人很希望我有经济上的帮助",这"别的人"三字语焉不详倒可以理解,因为指的是周作人和他的日本妻子。写这份自传时,鲁迅已与周作人决裂,写明原委既不厚道,又有所不便;还有,鲁迅从北京到厦门,自叙说是"因了朋友林语堂的帮助逃到厦门"的,但他离开北京时,并没有"逃"的迹象,至于离开的原因,鲁迅说几个学者到政府那里说他不好,政府要捕拿他,说得不够具体,至今也难以找到这方面的确证。此外,他和周作人失和的原因,自己的婚姻状况等等,都没有涉及。既然是"传略",作者当然有自由选择的便利。

  同时代人的印象记、回忆录,情节生动有趣,或可补自传之不足,但需要慎重选择,不能一味信从。

  凡此疏略、隐蔽、不足之处,有赖于研究者和传记作者考证、辨别和补充。

  当然,后人所作鲁迅传记,也自有其问题。例如有传记说鲁迅在上海遇到白色恐怖,同国民党当局展开围剿反围剿的斗争,著作都被禁止,就说得过重了——鲁迅本人只是说1926年以后的著作被禁止。假如全部被禁止,鲁迅怎么养家糊口呢?至于为了塑造鲁迅的革命形象,断言鲁迅参加了反清革命团体"光复会",更缺少实证材料,鲁迅本人从没有确凿地写下来。

  传记作者的任务,是对大量材料进行对比分析,描绘出一个较为客观的真实的人物形象,虽然完全的客观真实是一种难以达到的状态。为鲁迅作传,正确的态度是把鲁迅当人而不是当"神"看待。这道理谁都明白,但做到做好却很不容易。因为既然要为一个人作传,就势必特别关注其人,挖掘他的生活细节,熟悉他的思想观念,探究他的内心世界,只要不是事先怀着偏见、以所谓

鲁迅自传手稿

"批判"为目的,在学习研究过程中,就免不了对写作对象产生同情,认同其思想观念,不知不觉地出现"拔高"乃至"神化"的倾向。

本书结合鲁迅的"自叙传",参阅鲁迅同时代人的记录,以叙述史实为主,辅以简要解说,并配以若干图片,旨在为读者提供一个认识鲁迅的途径。

黄乔生

目 录

第一章 童 年 / 1
  家 世 / 2
  诗 画 / 7

第二章 少 年 / 13
  百草园·三味书屋 / 14
  小康·困顿 / 22

第三章 新 学 / 27
  走异地 / 28
  科学·小说 / 37
  医 学 / 41
  "新生" / 46
  师 承 / 55

第四章 沉 潜 / 61
  教 员 / 62
  共 和 / 66
  部 员 / 70

第五章　呐　喊　　　　　　　　　　　／ 75
　　《新青年》　　　　　　　　　　／ 76
　　《阿Q正传》　　　　　　　　　／ 82
　　"偏激"　　　　　　　　　　　／ 87

第六章　离　合　　　　　　　　　　　／ 93
　　"伤逝"　　　　　　　　　　　／ 94
　　恋　爱　　　　　　　　　　　／ 105
　　文人学者　　　　　　　　　　／ 110
　　策源地　　　　　　　　　　　／ 118

第七章　家　庭　　　　　　　　　　　／ 125
　　蜜　月　　　　　　　　　　　／ 126
　　怜　子　　　　　　　　　　　／ 132
　　书斋生活　　　　　　　　　　／ 136

第八章　左　翼　　　　　　　　　　　／ 143
　　联　盟　　　　　　　　　　　／ 144
　　艺　文　　　　　　　　　　　／ 150
　　弟　子　　　　　　　　　　　／ 162

第九章　敌　友　　　　　　　　　　　／ 169
　　知　己　　　　　　　　　　　／ 170

友　朋	/	178
横　站	/	188

第十章　遗　嘱　　　　　　　　　　　/ 195
　　　病与死　　　　　　　　　　　　　/ 196
　　　遗　嘱　　　　　　　　　　　　　/ 203

参考书目　　　　　　　　　　　　　　/ 209

后　记　　　　　　　　　　　　　　　/ 210

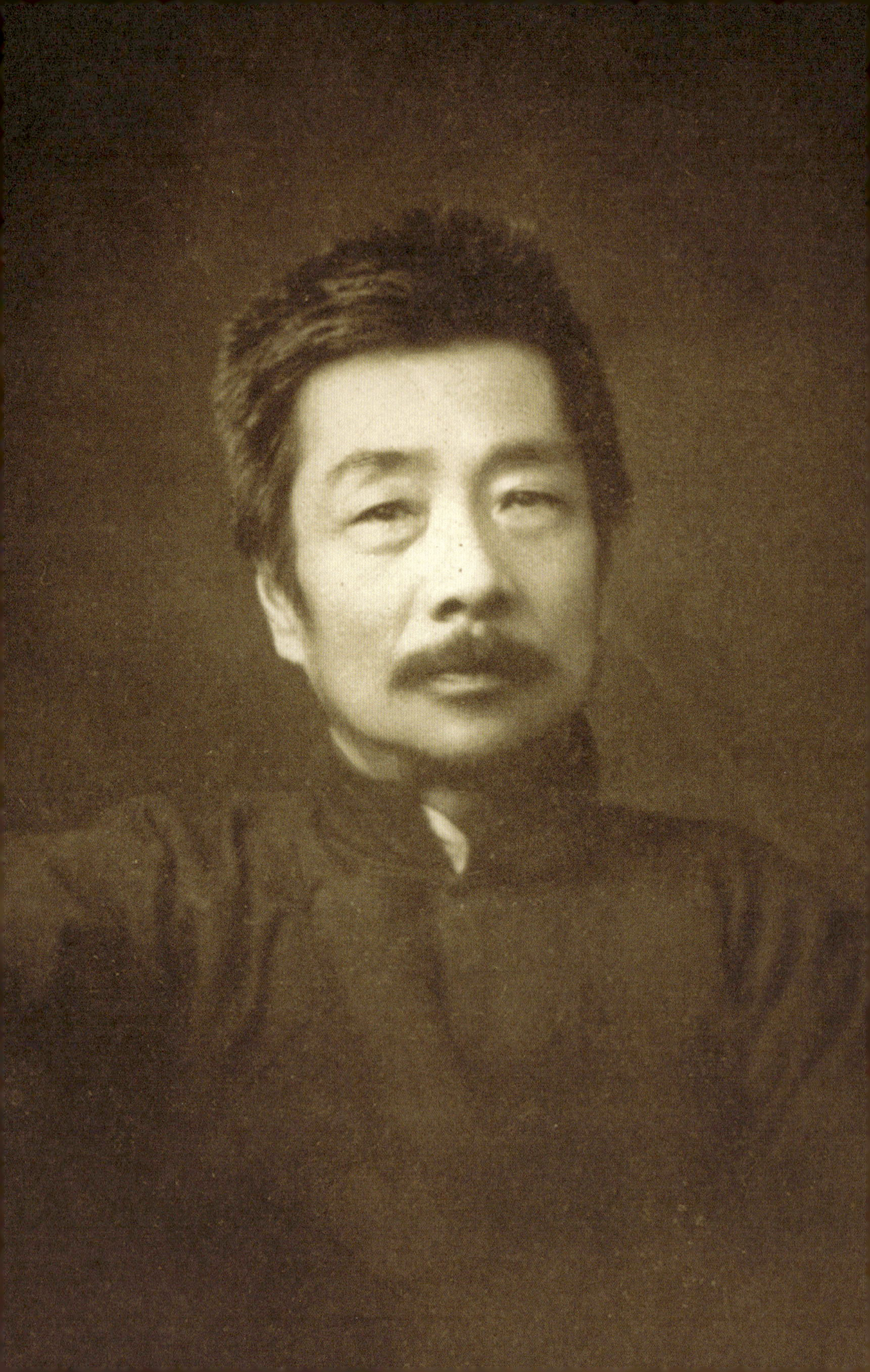

第一章 童年

对于故乡绍兴，鲁迅一直怀有一种复杂而矛盾的心情。在他的一系列作品里，鲁迅对故乡表现出热爱、崇敬，甚至终生的眷恋；而另一面则又充满了憎恶、决绝，甚至诅咒。这和他最初感受的凄风苦雨和人情冷暖紧紧联系在一起。

家 世

1881年，鲁迅出生于具有悠久历史文化传统的浙东水乡城市绍兴。此地景物之美，《世说新语》早有称誉："从山阴道上行，山川自相映发，使人应接不暇。"鲁迅的散文诗《好的故事》中，也有留存在他记忆中的故乡美景：

> 两岸边的乌桕，新禾，野花，鸡，狗，丛树和枯树，茅屋，塔，伽蓝，农夫和村妇，村女，晒着的衣裳，和尚，蓑笠，天，云，竹，……都倒影在澄碧的小河中，随着每一打桨，各各夹带了闪烁的日光，并水里的萍藻游鱼，一同荡漾。诸影诸物，无不解散，而且摇动，扩大，互相融和；刚一融和，却又退缩，复近于原形。边缘都参差如夏云头，镶着日光，发出水银色焰。

水乡多船，绍兴的乌篷船很有名。大的叫"四明瓦"，小些的叫"三明瓦"，最小的叫"脚划船"。老百姓最常坐的是三明瓦，它的篷是半圆形的，用竹片编成，中夹竹箬，上涂黑油，外观呈黑色，因而称"乌"。所谓"瓦"，是在两扇"定篷"之间放一扇半圆形的遮阳，呈格状，嵌上径约一寸的鱼鳞，看起来透明闪亮，故称"明瓦"。中舱两道，后舱一道，共有三道。船篷高大，船舱宽敞，人在中间可以站直身子。但最有特色也最方便的是脚划船，一个人可以手脚并用划行。

绍兴古称会稽，春秋时为越国都城，越王勾践卧薪尝胆，终复故国；王羲之兰亭法书，流传千古；陆游沈园伤怀，缠绵悱恻；徐文长超凡脱俗，滑稽中蕴藏悲怆；明亡前夕，祸国殃民的贪官污吏纷纷逃往绍兴，王思任发出愤怒的呐喊："会稽乃报仇雪耻之乡，非藏垢纳污之地！"

鲁迅出生时，这块古老的土地既在民族压迫下呻吟，也受着帝国主义列强欺凌。从1840年鸦片战争开始，中国政治腐败，民心涣散。十七年前结束的席卷清朝半壁江山的太平天国起义，使全国创痛巨深。

周家原籍湖南道州，号称宋代理学家周敦颐的后代，明中叶迁居绍兴，到鲁迅这一辈是第十四代。周家是住在台门里的大家族。所谓台门，就是大宅邸，是仕宦人家或巨商富贾们营造的住宅。鲁迅的祖父在一篇写给后代的家庭教育读本《恒训》中说：周家在明朝万历年间到小康水平，到清乾隆年间鼎盛时期，有老七房小七房，田产超过一万亩，开当铺十几间，堪称大族。鲁迅家属于"覆盆房"的一个分支。"覆盆房"全盛时期有田产三千多亩，当铺七八座。

太平天国的战火使周家田产急剧减少，当铺大部分关闭，降回小康水平。虽然如此，瘦死的骆驼比马大，周家仍保有小康生活。鲁迅出生时，家里还有四五十亩水田和一些店面，祖父在京城做官。鲁迅是"仕宦人家"子弟，属于当地人说的"台门货"。

祖父周福清，字介孚，同治十年（1871）进士，经殿试选为翰林院庶吉士，后放江西金溪知县。周家台门的仪门上挂着一块"翰林"匾，蓝底金字，旁边一行泥金小楷，写的是："巡抚浙江等处地方提督军务节制各镇兼管两浙盐政杨昌浚为钦点翰林院庶吉士周福清立"。

周福清在北京得到长孙出生喜讯的时候，正接待一位张姓官员来访，于是便给孩子取乳名阿张，学名樟寿，字豫山。后来因为豫山与"雨伞"谐音，不好听且让人取笑，又改为豫才。

周家台门所挂翰林匾

　　周福清性格直率，口无遮拦，言语刻薄，常常毫无顾忌地骂人，从"呆皇帝""昏太后"一直骂到亲族中的后辈子孙。他在江西知县任上，得罪了上司，受到参劾。江西巡抚给他的评语是"办事颟顸"。他回京候补，没有门路，只好卖些田产，捐了个内阁中书的职位。

　　周福清在妻子孙夫人去世后，续娶了蒋夫人。蒋夫人是一个聪明、善良的女子，但周福清怀疑她在太平军占领绍兴时"失节"，常常辱骂她。周福清在京城纳妾过活，把蒋夫人扔在老家。继祖母疼爱孙辈们，鲁迅小时候从她那里听到不少民间传说。例如"猫是老虎的师傅"的故事，很有趣，鲁迅后来把它写进了《朝花夕拾》中的《狗·猫·鼠》一文：

　　　　那是一个我的幼时的夏夜，我躺在一株大桂树下的小板桌上乘凉，祖母摇着芭蕉扇坐在桌旁，给我猜谜，讲故事。忽然，桂树上沙沙地有趾爪的爬搔声，一对闪闪的眼睛在暗中随声而下，使我吃惊，也将祖母讲着的话打断，另讲猫的故事了——

　　　　"你知道么？猫是老虎的先生。"她说。"小孩子怎么会知道呢,猫是老虎的师父。老虎本来是什么也不会的,就投到猫的门下来。猫就教给它扑的方法,捉的方法,吃的方法,像自己的捉老鼠一样。这些教完了;老虎想,本领都学到了,谁也比不过它了,只有老师的猫还比自己强,要是杀掉猫,自己便是最强的脚色了。它打定主意,就上前去扑猫。猫是早知道它的来意的,一跳,便上了树,老虎却只能眼睁睁地在树下蹲着。它还没有将一切本领传授完,还没有教给它上树。"

这是侥幸的,我想,幸而老虎很性急,否则从桂树上就会爬下一匹老虎来。

鲁迅的母亲鲁瑞是绍兴城外乡下人,外祖父鲁希曾中过举,做过京官,后来厌倦仕途,回乡耕读。鲁瑞没有读过书,但她靠自修到了能看书的程度。她性情和易,待人温厚。但有时也显出强毅的一面。例如,清末刚刚兴起天足运动,她就放了脚。有本家绰号叫"金鱼"的不第文童到处放言:"某人放了大脚,要去嫁给外国鬼子了!"鲁瑞听了并不生气,也不同"金鱼"理论,只冷冷地说:"可不是么?那倒是很难说呢。"平常女人们遇到不顺的事,怄气闭门绝食,乃至跳井上吊。鲁瑞则不然,她教导后辈们说:"你们每逢生气的时候便不吃饭,这怎么行

鲁迅父亲像

鲁迅母亲像

呢？这时候正需要多吃饭才好呢。我从前和你们爷爷吵架,便要多吃两碗饭,这样才有力气说话呀!"

1885年1月,鲁迅有了一个弟弟,祖父赐名"櫆寿",就是作人。随后,又有一个妹妹,小名端姑,长得十分可喜。不幸的是,小妹妹还不满周岁,就出天花夭折了。1888年11月,又一个弟弟降生,取名松寿,后来改名建人。几年以后第四个男孩儿出生,取名椿寿,但他只活了三四岁就患病死去。

鲁迅的父亲周用吉在科举途中一开始比较顺利,结婚第二年隽了秀才。但随后多次参加乡试,都名落孙山,灰心丧气,郁郁寡欢,脾气渐渐变得坏起来。他本名凤仪,学名文郁,后来改名仪炳,又改用吉。周伯宜把自己科场不利归咎于名字不好,说改来改去,拆得周字不成周字了。他发起脾气来,虽然不打人,但脸色阴沉,摔砸碗筷,让孩子们畏惧。特别是后来因为科场舞弊案彻底断送前程后,更沉溺于酒,甚至吸食鸦片。

父亲前途无望,只好寄希望于几个儿子。甲午年中国战败,人们都在忧虑国家的前途。父亲有一天对母亲说:"我们有四个儿子,将来可以将一个往西洋去,一个往东洋去留学。"

诗　画

鲁迅七岁时，父母把他送进家塾，他的开蒙老师是远房的叔祖父周玉田。鲁迅对他的记忆很清晰：

> 他是一个胖胖的，和蔼的老人，爱种一点花木，如珠兰、茉莉之类，还有极其少见的，据说从北边带回去的马缨花。……这老人是个寂寞者，因为无人可谈，就很爱和孩子们往来，有时简直称我们为"小友"。在我们聚族而居的宅子里，只有他书多，而且特别。制艺和试帖诗，自然也是有的；但我却只在他的书斋里，看见过陆玑的《毛诗草木鸟兽虫鱼疏》，还有许多名目很生的书籍。我那时最爱看的是《花镜》，上面有许多图。

祖父对孙子们读书的情况很关心，经常在家信中询问读书进度，并加以指导。鲁迅九岁那年，祖父从北京寄回两部《诗韵释音》，附信上叮嘱说，这两部书"可分与张、魁两孙逐字认解，审音考义，小学入门（吾乡知音韵者颇少，蒙师授读别字连篇），勉之。"关于读诗，周福清曾在给儿子的信里加了一段给孙子们的指示：

> 初学先诵白居易诗，取其明白易晓，味淡而永。再诵陆游诗，志高词壮，且多越事。再诵苏诗，笔力雄健，辞足达意。再诵李白诗，思致清逸。如杜之艰深，韩之奇崛，不能学亦不必学也。

随信寄来了木版的《唐宋诗醇》。《唐宋诗醇》又称《御选唐宋

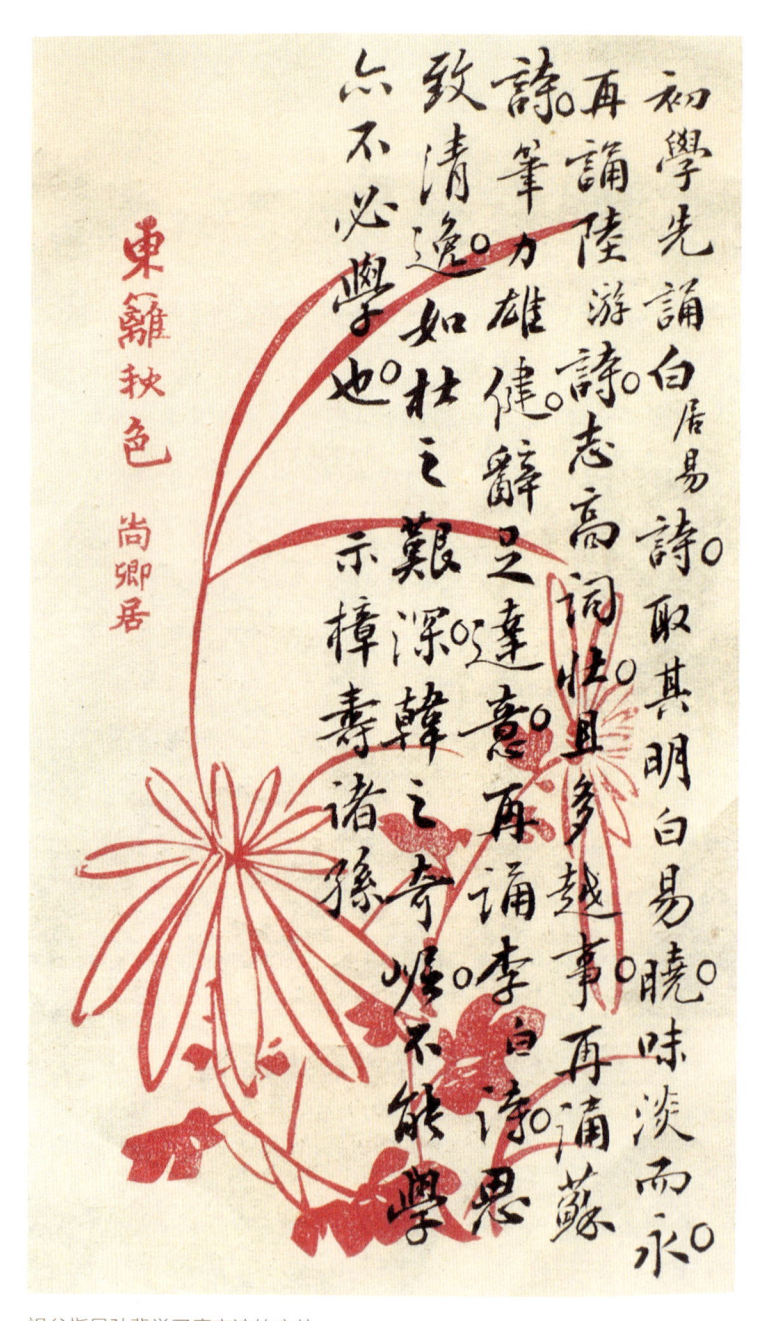

初學先誦白居易詩。取其明白易曉。味淡而永。再誦陸游詩志高詞壯且多愛事。再誦蘇詩筆力雄健辭之達意。再誦李白詩思致清逸如杜之艱深韓之奇崛不能學也。

示樟壽諸孫

東籬秋色 尚卿居

祖父指导孙辈学习唐宋诗的家信

诗醇》，是乾隆十五年皇帝命臣下编纂的。其中唐诗选了李、杜、白、韩四家，宋诗苏、陆两家。各篇有总评有考订，还附录各家评语。祖父对六大诗人作品特点的描述很有见地，为孙辈安排的读诗顺序也符合少儿特性。其中特别值得注意的是对陆诗的评论。陆游生当南宋，痛惜山河破碎，悲悯生灵涂炭，力主抗金，志切恢复，表现了热烈的爱国精神和豪迈的英雄气概，读他的诗有助于培养青少年的理想和志气。信中"多越事"三字，是指绍兴人陆游的诗里常出现家乡名物，本地孩子读了有亲切感，易懂好记。陆游晚年闲居家乡，写了大量吟咏个人生活情趣、描绘山川风物的作品，如"我家山阴道，湖光淡空蒙。小屋如舴艋，出没烟波中"。《秋思》中写道："桑竹成荫不见门，牛羊分路各归村。前山雨过云无迹，别浦潮回岸有痕。"《游山西村》最脍炙人口："莫笑农家腊酒浑，丰年留客足鸡豚，山重水复疑无路，柳暗花明又一村。箫鼓追随春社近，衣冠简朴古风存。从今若许闲乘月，拄杖无时夜叩门。"读到"太平处处是优场，社日儿童喜欲狂"时，鲁迅当会心一笑，神往起每年都举办的迎神赛会和社戏来。

祖父很希望孙辈在人生道路上一帆风顺，所以说杜甫、韩愈诗"艰深""奇崛"，青少年以不学或少学为宜。再说，科举考试里也有诗题，如果写得怨愤满腔、艰深奇崛，主考官怕要皱眉。这让人联想到清代文人郑板桥。郑板桥酷爱杜诗，赞为"一字千金"，但却在给弟弟的信中切切叮咛少读杜诗，而多读浅显平易的作品，培养温和的性情，平平安安生活，不至于像自己这样牢骚满腹、怪话连篇。

鲁迅除读《诗经》外，还陆续读了《楚辞》及陶潜、李白、李贺、李商隐、温庭筠、苏轼、陆游、黄庭坚等人的诗。

祖父虽然脾气暴躁，但教育思想却有开通之处。他认为读书人在受教育的初始阶段应该自由阅览，因此不但不禁止，反而鼓励孙辈读

《西游记》《镜花缘》《儒林外史》等等，因为小说语言浅显，文理顺畅，读多了能使人"通"，通了之后，再读文言小说《聊斋》《阅微草堂笔记》之类，也就不难了。

鲁迅爱看图画书。虽然书屋的老师是将看图画书视为不务正业的，一经发现，厉声呵斥，不但没收图书，有时还要打手心。但鲁迅还是用积攒的压岁钱买书尤其是画谱、画册。他陆续买了《芥子园画传》《花镜》《毛诗品物图考》等。他还亲手描画。家藏图书中有一本绣像的《西游记》，图画很有趣，他从文具杂货店买来质地薄而透明的荆川纸，蒙在绣像上，用笔蘸了墨汁，像写毛笔字描红一样，把画临下来，后来陆续把《西游记》《东周列国志》中的绣像描完，装订成册。再后来是描画马镜江的《诗中画》，是一种诗配画、山水人物俱有的书，虽然描摹起来比较繁难，但鲁迅还是耐心临完了。接下来是王冶梅的《三十六赏心乐事》和明代徐光启的《农政全书》最末一册残本中的《野菜谱》。《野菜谱》画的是灾荒之年穷苦人借以度日的各种野菜，每种都配有歌谣。

他从启蒙老师那里听说，有一部绘图的《山海经》，里面画着人面的兽、九头的蛇、三脚的鸟、生着翅膀的人、没有头而以两乳当作眼睛的怪物等等。他极想得到这本书，但因为年龄小，没有机会出门购买。

大概是太过于念念不忘了，连阿长也来问《山海经》是怎么一回事。这是我向来没有和她说过的，我知道她并非学者，说了也无益；但既然来问，也就都对她说了。

过了十多天，或者一个月罢，我还很记得，是她告假回家以后的四五天，她穿着新的蓝布衫回来了，一见面，就将一包书递给我，高兴地说道：——"哥儿，有画儿的'三哼

手书拟购书目

经'，我给你买来了！"

我似乎遇着了一个霹雳，全体都震悚起来；赶紧去接过来，打开纸包，是四本小小的书，略略一翻，人面的兽，九头的蛇，……果然都在内。……这四本书，乃是我最初得到，最为心爱的宝书。

一次，他见到日本画家小田海仙的《海仙画谱》，十分喜欢。海仙作画，用的是他自创的十八描法（如柳叶描、枣核描、鼠尾描、钉头描等等）。他画的罗汉像，神态栩栩如生，惹人喜爱。自己的钱不够，他鼓动弟弟们出钱，合伙买了下来。

但有一种图画书却让鲁迅倒了胃口，就是《二十四孝图》。看了书中故事，使他不但觉得做孝子太难，而且让他感情上受了伤害。子路负米、孔融让梨之类，还容易做到。但郭巨埋儿就让人担忧恐惧。郭巨在遇到饥荒后，担心自己三岁的儿子吃掉母亲的口粮，竟想出把亲生儿子活埋的主意。鲁迅不免这样想：自己的家境也正在坏下去，如果祖母挨饿，父亲要像郭巨那样尽孝，埋的不正是自己吗？这样的违反人性的所谓孝的楷模，"已在孩子的心中死掉了"。中国的统治者每每标榜以忠孝立国，而且孝的观念要从小灌输，本有其合理性，但这本《二十四孝图》却在小读者的心里产生相反的效果。

鲁迅后来反思自己所受的这种教育，感慨地说，中国教育的结果，是长辈与后代的关系变成了"放债还债"。父母养育后代，情深恩重，自当报答；然而施恩图报，无限需索，竟危及后辈的性命，不就成了黑心的债主了吗？这岂是父母的本心？

第二章 少年

一八九八年，鲁迅十七岁了。在故乡，他已经成为一个「边缘人」。「但是，哪里去呢？」鲁迅在文章中这样描述自己当时的心态，「S城人的脸早经看熟，如此而已，连心肝也似乎有些了然。总得寻别一类人们去，去寻为S城人所诟病的人们，无论其为畜生或魔鬼。」少年鲁迅决意要离开故乡了。

百草园·三味书屋

作为仕宦人家子弟,鲁迅不能经常到大街上玩耍,好在家里的后园"百草园"还有些趣味:"不必说碧绿的菜畦,光滑的石井栏,高大的皂荚树,紫红的桑椹;也不必说鸣蝉在树叶里长吟,肥胖的黄蜂伏在菜花上,轻捷的叫天子(云雀)忽然从草间直窜向云霄里去了。单是周围的短短的泥墙根一带,就有无限趣味。油蛉在这里低唱,蟋蟀们在这里弹琴。翻开断砖来,有时会遇见蜈蚣;还有斑蝥,倘若用手指按住它的脊梁,便会拍的一声,从后窍喷出一阵烟雾。何首乌藤和木莲藤缠络着,木莲有莲房一般的果实,何首乌有拥肿的根。有人说,何首乌根是有像人形的,吃了便可以成仙,我于是常常拔它起来,牵连不断地拔起来,也曾因此弄坏了泥墙,却从来没有见过有一块根像人样。如果不怕刺,还可以摘到覆盆子,像小珊瑚珠攒成的小球,又酸又甜,色味都比桑椹要好得远。"

这篇文章里的名物,可能是《朝花夕拾》乃至鲁迅所有散文中最多的,堪称一篇文学色彩很浓的动植物志。这篇散文显示出鲁迅四十多岁写作童年往事时惊人记忆力,而且也显示出丰富的生物学知识。

家中过年节时请来帮忙的短工福庆的孩子闰水(鲁迅后来写小说时改为闰土)为他讲述外面的世界,令他神往。福庆还教鲁迅雪天捕鸟:

> 冬天的百草园比较的无味;雪一下,可就两样了。拍雪人(将自己的全形印在雪上)和塑雪罗汉需要人们鉴赏,这

是荒园,人迹罕至,所以不相宜,只好来捕鸟。薄薄的雪,是不行的;总须积雪盖了地面一两天,鸟雀们久已无处觅食的时候才好。扫开一块雪,露出地面,用一支短棒支起一面大的竹筛来,下面撒些秕谷,棒上系一条长绳,人远远地牵着,看鸟雀下来啄食,走到竹筛底下的时候,将绳子一拉,便罩住了。但所得的是麻雀居多,也有白颊的"张飞鸟",性子很躁,养不过夜的。

这是闰土的父亲所传授的方法,我却不大能用。明明见它们进去了,拉了绳,跑去一看,却什么都没有,费了半天力,捉住的不过三四只。闰土的父亲是小半天便能捕获几十只,装在叉袋里叫着撞着的。我曾经问他得失的缘由,他只静静地笑道:你太性急,来不及等它走到中间去。

三味书屋

夏天，鲁迅跟随母亲到外婆家安桥头，一个临河小村庄，住着以种田、打鱼为生的约三十户人家。村上小伙伴，因为他的到来，从父母那里得了减少工作的许可，伴他游玩。他们每天的功课是掘蚯蚓，掘来穿在铜丝做的小钩上，伏在河沿上去钓虾。"虾是水世界里的呆子，决不惮用了自己的两个钳捧着钩尖送到嘴里去的，所以不半天便可以钓到一大碗。这虾照例是归我吃的。其次便是一同去放牛，但或者因为高等动物了的缘故罢，黄牛水牛都欺生，敢于欺侮我，因此我也总不敢走近身，只好远远地跟着，站着。这时候，小朋友们便不再原谅我会读'秩秩斯干'，却全都嘲笑起来了"。

让鲁迅记忆深刻的还有去邻近的村庄看社戏。

官宦人家子弟的头等大事自然是读书。鲁迅十二岁离开家塾，被送进绍兴有名的私塾"三味书屋"：

> 出门向东，不上半里，走过一道石桥，便是我的先生的家了。从一扇黑油的竹门进去，第三间是书房。中间挂着一块扁道：三味书屋；扁下面是一幅画，画着一只很肥大的梅花鹿伏在古树下。没有孔子牌位，我们便对着那扁和鹿行礼。第一次算是拜孔子，第二次算是拜先生。
>
> 第二次行礼时，先生便和蔼地在一旁答礼。他是一个高而瘦的老人，须发都花白了，还戴着大眼镜。我对他很恭敬，因为我早听到，他是本城中极方正，质朴，博学的人。

这私塾原名"三余书屋"。三国时魏国的董遇好读书，当别人问他读书有什么经验时，他总是回答说：先读书百遍。俗话说"读书百遍，其义自见"。一般人总抱怨没有时间，董遇告诉他们利用"三余"。什么是"三余"？——冬者岁之余，夜者日之余，阴雨者时之余。鲁迅去上学的时候，私塾改名为"三味书屋"了。来自古人

《从百草园到三味书屋》手稿

名言:"读经味如稻粱,读史味如肴馔,读诸子百家味如醯醢。"

"三味书屋"匾额下边,是两扇蓝地洒金的屏门,上挂《松鹿图》,一棵老松树下一只梅花鹿屈腿而伏。

书屋两侧木柱上有一副木刻抱对:"至乐无穷唯孝悌,太羹有味是诗书。"也呼应了"三味书屋"匾额的意思。

塾师寿镜吾先生,名怀鉴,是一个戴着一副阔边眼镜高而瘦的老人,鲁迅进学时,他的须发已经发白。他平时行事严谨,不苟言笑,一心求学问、教徒弟。但他性情不够随和,有时候坚持原则不肯变通。例如,他痛恨侵略中国的列强,一生不愿用外国货,不穿洋服,连已经时兴起来的照相他也痛诋不遗余力,他认为那是外国人到中国来骗钱的。现在留下来的一张照片是他晚年手拄木杖在屋外散步时他的孙子乘其不备时偷拍的。

私塾里日常功课无非背书、作文。鲁迅学习既用功，又会找窍门。为了更快地背诵经文，他制作一种书签，两边都有红色花纹图案，中间写着十个小楷字是："读书三到：心到、眼到、口到。"读书时，他把书签夹在书页里，每读一遍就从上往下盖掉一个字，这样读过几遍后，再默读，不多久，就能将课文背出来了。到了年底，鲁迅经过几天的复习，将书往寿先生桌上一放，从从容容地把一年的书背出来。寿先生很赞许他，同学们也都很佩服，纷纷仿效他制作"读书三到"书签。

　　背诵是那时的主流教学法，培养学生的基本功，使他们熟悉中国经典。枯燥乏味，自所不免。相比读经书，对对子就有趣一些了。鲁迅后来在一篇小说中描写老师教授学生属对的情景：

　　彼辈纳晚凉时，秃先生正教予属对，题曰："红花。"予对："青桐。"则挥曰："平仄弗调。"令退。时予已九龄，不识平仄为何物，而秃先生亦不言，则姑退。思久弗属，渐展掌拍吾股使发大声如扑蚊，冀秃先生知吾苦，而先生仍弗理；久之久之，始作摇曳声曰："来。"余健进。便书绿草二字曰："红平声，花平声，绿入声，草上声。去矣。"余弗遑听，跃而出。

　　有一次，寿镜吾先生出了一个"独角兽"的三字题，同学们七嘴八舌地对起来，有对"二头蛇"和"三脚蟾"的，也有对"八脚虫"和"九头鸟"的。还有一位竟对以"四眼狗"，大家哄笑起来。寿老先生将他训了一顿："'独角兽'是麒麟，'四眼狗'是什么？你见过吗？以不存在的东西对实有的东西，根本不对！"鲁迅对了个"比目鱼"，这是他从读过的《尔雅》上看到的。寿先生听了十分赞许地说："对得好，'独'不是数字，但含有单的意思，'比'也不是数字，但含有双的意思。"

鲁迅是对对子的能手。他晚年编杂文集《南腔北调集》，"准备和还未成书的将来的《五讲三嘘集》（后因故没有出版——引者）配对"。后记中他自我解嘲地说："我在私塾里读书时，对过对，这积习至今没有洗干净，题目上有时就玩些什么《偶成》《漫与》《作文秘诀》《捣鬼心传》，这回却闹到书名上来了。"对仗是汉语的优长之一，对对子是作诗的基础。对子对得好，诗才能作得好——这其实也是为科举考试做准备，因为试题有"赋得五言八韵"。而且，八股文，从篇章结构上看，也是讲究对仗的。

家藏的一些集部和杂书引起鲁迅的兴趣，如《王阳明全集》《谢文节集》《韩五泉诗》《唐诗叩弹集》《高厚蒙求》《章氏遗书》（即《文史通义》）《癸巳类稿》等等。王阳明和章学诚是绍兴乡贤，《王阳明全集》和《章氏遗书》系本地刻印，容易得到，但道学、心学、文学、史学，或繁难，或玄虚，少年读书郎还难以深切体会；《癸巳类稿》是清代学者俞正燮所著读书札记，里面有很多通达的见解。这本书祖父和父亲都读过，上面还写有批注，可见十分重视。鲁迅看了家藏的《四库提要》子部和集部两类，觉得对摸清学问门径很有帮助，特意添置了《四库简明目录》。若干年后，鲁迅指导后辈读书时，还郑重推荐这部工具书。

鲁迅对笔记类的书很感兴趣，陆续地购买了《阅微草堂笔记》《淞隐漫录》《板桥全集》《酉阳杂俎》《容斋随笔》《辍耕录》《池北偶谈》《金石录》等等。《二酉堂丛书》辑录甘肃某地风俗和人文地理资料，鲁迅受这套丛书的启发，也开始搜集绍兴文献，最终编成《会稽郡故书杂集》。他在序言中说：

> 幼时，尝见武威张澍所辑书，于凉土文献，撰集甚众。

笃恭乡里，尚此之谓。而会稽故籍，零落至今，未闻后贤为之纲纪。乃就所见书传，剌取遗篇，絫为一帙。

野史一向被统治者斥为荒诞不经、编排曲解，往往是禁毁的对象。但它是正史必要的补充，从中常常能看到比官修的正史更真实的记录。这个时期鲁迅购读了多种野史杂记如《曲洧旧闻》《窃愤录》《玉芝堂谈荟》《鸡肋编》《明季稗史汇编》《南烬纪闻》等等，对认识中国历史和社会特别是明清改朝换代之际的情况大有帮助。鲁迅后来说：

> 我常说明朝的永乐皇帝的凶残，远在张献忠之上，是受了宋端仪的《立斋闲录》的影响的。那时我还是满洲治下的一个拖着辫子的十四五岁的少年，但已经看过记载张献忠怎样屠杀蜀人的《蜀碧》，痛恨着这"流贼"的凶残。后来又偶然在破书堆里发现了一本不全的《立斋闲录》，还是明抄本，我就在那书上看见了永乐的上谕，于是我的憎恨就移到永乐身上去了。

鲁迅大量阅读野史杂记，既有助于培养正确的历史观，也为他日后的写作准备了素材。《故事新编》中的《铸剑》一篇，就取材于他幼年读过的"杂书"。《列异传》记载："干将莫邪为楚王作剑，三年而成。剑有雄雌，天下名器也，乃以雌剑献君，藏其雄者。谓其妻曰：'吾藏剑在南山之阴，北山之阳；松生石上，剑在其中矣。君若觉，杀我；尔生男，以告之。'及至君觉，杀干将。妻后生男，名赤鼻，告之。赤鼻斫南山之松，不得剑；忽于屋柱中得之。楚王梦一人，眉广三寸，辞欲报仇。购求甚急，乃逃朱兴山中。遇客，欲为之报；乃刎首，将以奉楚王。客令镬煮之，头三日三夜跳不烂。王往观之，客以雄剑倚拟王，王头堕镬中；客又自刎。三头悉烂，不可分别，分葬之，名曰三王冢。"鲁迅的小说原名《眉间尺》，取自故事中的"眉广三寸"。后来鲁迅研究中国小说史，还把这则传说辑入《古小说钩沉》中。晋代干宝《搜神记》卷十一也有"王梦见一儿，眉间广尺，言欲报仇，王即购之千金。儿闻之，亡去，入山行歌"的情节。

小康·困顿

1893年,一场大的变故使鲁迅家结束了和平与安宁,走向败落与苦难。

这年三月,周福清因母亲去世,丁忧回籍。秋天,浙江乡试,主考官殷如璋与周福清是同年。周家有亲友认为这是一个让子弟出头的好机会,于是,几个富有的人家集资请周福清出面打通关节。周福清拗不过情面,写一封信给主考官,开了一张一万元的凭证,请求关照的名单中顺便写上自己的儿子周伯宜。

按规定,主考官离京赴任,路上不准收发信件,不准接见亲戚朋友和生人,身旁有其他官员陪同监视。周福清派他的随带听差陶阿顺携信前往主考官必经之地苏州。

主考官的船停泊在阊门码头,陶阿顺登船送信。副主考官周锡恩在殷如璋的船上议事。殷如璋接过信并不拆看,只是随手将信放在茶几上,继续说话。但一旁等急了的陶阿顺嚷叫起来:"信里有万两银票,怎么不给一张回条?"殷如璋一听,事关重大,为了避嫌,便把信交给周锡恩拆阅。周锡恩看了信,立即下令逮捕陶阿顺。殷如璋也指示将此事一查到底,决不宽贷。

得知陶阿顺被捕,周福清慌了手脚。他打听到陶阿顺被押送到苏州府审讯,就赶紧想办法疏通关节,但不起作用。他只好逃往上海躲避。

案子转到浙江,浙江巡抚崧骏做了初步审讯和调查。信中一万银圆的承诺和考生名单是铁证。崧骏上奏光绪皇帝，申明只有把在逃的周福清捉拿归案，此案才能水落石出。清末，科场贿赂是常见现象，官府对此也常取敷衍的态度。但是，此时的光绪皇帝刚从慈禧太后手里取得亲政大权，正想有所作为，因此，谕旨十分严厉："案关科场舞弊，亟应彻底查究。丁忧内阁中书周福清着即行革职，查拿到案，严行审办，务得确情，按律定拟具奏。"

周福清听到这消息，知道躲不过去，为了不使家人受牵连，便到会稽县自首。他立即被押解到杭州。年底，刑部拟出判决："请于斩罪上量减一等，拟杖一百，流三千里。"如果这个判决生效，周福清就得去东北、西北边疆或其他环境恶劣的地方服苦役。不料，光绪皇帝不同意，又颁旨说："未便遽于减等，周福清着改为斩监候，秋后处

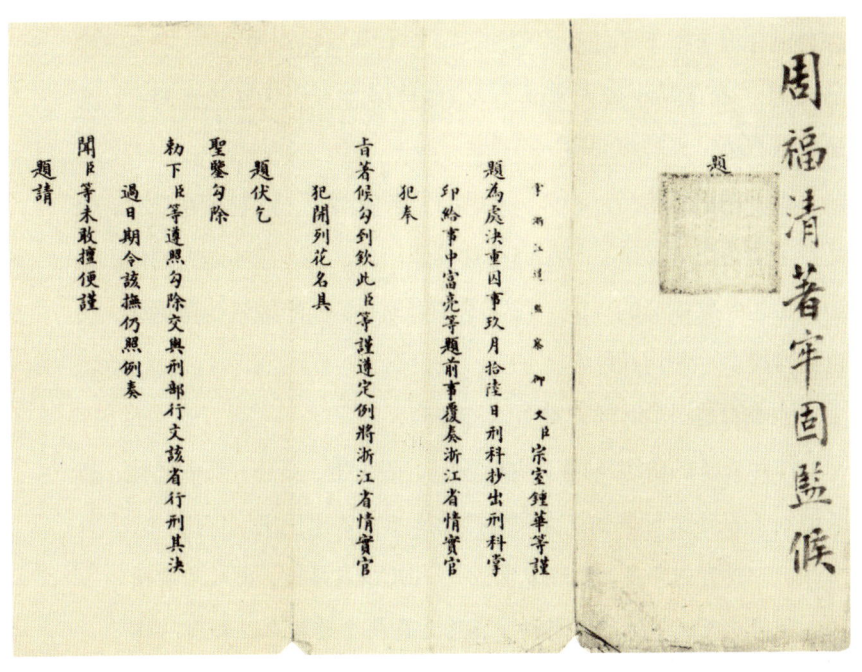

清政府有关周福清科场贿赂案文件

决,以肃法纪而儆效尤。"

为营救周福清筹资,周家卖掉了二十亩水田。周伯宜不但失去了考试资格,而且还被革斥了秀才名分,今后永不得参加科举考试。

周福清是官犯,比普通犯人多一些自由,可以不戴脚镣和手铐,还能散步、串门,也可以得到家人的照料。于是,周家又花钱在杭州府狱附近的花牌楼租了一间一楼一底的房子,让他的姨太太和小儿子凤升居住。

定为"斩监候",虽然可以获得缓刑,但是每年都有可能被处死。家里人为了保住他的性命,每年都得花钱通融缓解。

当祖父刚被逮捕时,因为害怕受牵连,鲁迅和二弟作人被送到外婆和舅舅家避难。社会地位一落千丈,家庭经济陷于拮据,他们被人瞧不起了。往日对他友好的人,现在却取笑他是"乞食者"。这变化在鲁迅心灵上留下了深深的创伤。多少年后,他在《呐喊·自序》中感叹道:"有谁从小康人家而坠入困顿的么,我以为在这途路中,大概可以看见世人的真面目……"

真所谓祸不单行。不久,鲁迅的父亲病倒了。这场家庭变故,最受打击是鲁迅的父亲。科举道路被彻底堵死,缺乏挣钱能力的他,无法担负起养家糊口的重担。在苦闷和郁愤中,他的脾气变得更坏,酒也喝得更多,终于病倒了。

他得的是那个时代很难医治的肺病。

作为长子的鲁迅不得不挑起重担。请医生、买药,都需要钱,渐渐地到了靠变卖衣服和首饰来维持的地步。鲁迅后来回忆说:

我有四年多,曾经常常,——几乎是每天,出入于质铺和药店里,年纪可是忘却了,总之是药店的柜台正和我一样高,质铺的是比我高一倍,我从一倍高的柜台外送上衣服或首饰去,在侮蔑里接了钱,再到一样高的柜台上给我久病的父亲去买药。回家之后,又须忙别的事了,因为开方的医生是最有名的,以此所用的药引也奇特:冬天的芦根,经霜三年的甘蔗,蟋蟀要原对的,结子的平地木,……多不是容易办到的东西。

鲁迅办事妥帖,钱、当票、药方和药包,每次都清点无误,交给母亲。他同情、体贴母亲,亲眼看见过母亲因为父亲病重和生活艰苦而落泪。父亲听信传言,常去吸鸦片烟,用暂时的麻醉忘掉疼痛,结果烟瘾越来越大,更加大了家庭的开支。有一天母亲带着他一起去找父亲,在烟馆的窗外看见父亲正躺着吸烟。母亲流着泪,牵着儿子的手默默地走回家去。这个场景给他留下的印象,比父亲喝醉了酒摔东西还要深。他后来回忆起那段日子,深情地说:"阿娘,是苦过的!"他本人平时限制酒量,也是为了避免像父亲那样喝醉了酒骂人。

父亲的病,前后诊治两年,换了好几个名医,竟没有一个医生能说出所以然。开始吐血很多,根据民间偏方和庸医的"医者意也"的说法,研墨来给他喝,因为血红墨黑,黑色可湮灭红色。这自然并不奏效。后来病情恶化,水肿厉害,请了诊费很贵的医生来诊断,所开"药引"很古怪,害得鲁迅四处寻觅,好不容易得到了,却也不见效。最后仍然按照"医者意也"的理论,使用"败鼓皮丸",用打破的鼓皮做成,说是可以治疗臌胀。这只能让主顾多花钱,于事无补。

父亲临终的时候,保姆让鲁迅大声叫喊,使父亲几次醒过来,增加了临终的苦痛。这成了鲁迅一生的愧疚。他后来写了两篇文章,描述这个痛彻心扉的体验。其中一篇中有这样的思索:

我现在想,大安静大沈寂的死,应该听他慢慢到来。

谁敢乱嚷,是大过失。

我何以不听我的父亲，徐徐入死，大声叫他。

阿！我的老乳母。你并无恶意，却教我犯了大过，扰乱我父亲的死亡，使他只听得叫"爹"，却没有听到有人向荒山大叫。

那时我是孩子，不明白什么事理。现在，略略明白，已经迟了。我现在告知我的孩子，倘我闭了眼睛，万不要在我的耳朵边叫了。

父亲临终用很微弱的声音说："呆子孙，呆子孙！"他是在自责——因为没有挣得功名，又过早离世，留下孤儿寡母艰难度日。这场景让鲁迅记忆深刻。

鲁迅终生厌恶中医，说中医是"有意无意的骗子"。他恨中医，不但因为它曾耽误了父亲的病，还因为它玄虚、缺少依据、不科学。中国的传统观念有不少笼统模糊的地方，不正视现实，不细致，不认真，中医就是一个活生生的例子。其实，父亲的病便是西医也不一定能治好。鲁迅彻底否定中医容或有偏颇，但中医的缺点也不容讳言。

第三章 新学

"凡是愚弱的国民,即使体格如何健全,如何茁壮,也只能做毫无意义的示众的材料和看客。病死多少是不必以为不幸的。所以我们的第一要著,是在改变他们的精神。"在日本,鲁迅初步树立起立人的思想,也就是通过文艺来唤起个人的独立、觉醒,又经过改造国民性,再造出适应现代民主国家需要的国民。

走异地

家境坏下去，环境变得恶劣。鲁迅对周围的人事产生了厌倦和痛恨：冷眼讥笑、恶语中伤，是年轻的心灵难以忍受的。

父亲去世后，作为长子的鲁迅参与家族议事。有一次讨论重新分配房屋，有长辈逼迫鲁迅一支让出空房。鲁迅不情愿，托词等请示杭州狱中的祖父后再做决定，立刻招来恶意的眼光和讥讽的话语。

家里已经没有钱供他继续读书。他决意离开。

我的母亲没有法，办了八元的川资，说是由我的自便；然而伊哭了，这正是情理中的事，因为那时读书应试是正路，所谓学洋务，社会上便以为是一种走投无路的人，只得将灵魂卖给鬼子，要加倍的奚落而且排斥的，而况伊又看不见自己的儿子了。然而我也顾不得这些事，终于到N去进了K学堂了。

经过一个星期的跋涉，他来到了南京江南水师学堂。通过在这里工作的远房叔祖周椒生的介绍，他通过了考试。三个月试习后，被编入一年级管轮班。周椒生虽然在洋学堂任职，但也和社会上大多数人一样，仍以科举考试为正路，因此觉得本家的侄孙来这里读书，不能算为周家争光，不宜再使用谱名，就为他取名"周树人"。

周椒生看鲁迅平时喜欢读杂书，而且有些想法颇为激进，就开导他说，不要听信康有为之流的胡说："康有为是想篡位，所以他的名字叫有为，有者，富有天下，为者，'贵为天子'也。非图谋不轨何？"他还把一份《申报》给鲁迅看。上面刊登着礼部尚书总理各国事务大臣许应骙的《明白回奏并请斥逐工部主事康有为折》，是反对变法的。到底是叔祖老成，洞明世事，善于明哲保身。不久，变法失败，六君子弃市，康、梁流亡。

不过，鲁迅还是青年学生，不大受到政治变动的影响。

学堂原本有驾驶、管轮、鱼雷三个班。鲁迅到校时已缩编为驾驶、管轮两班。驾驶班的学员，将来进入海军，在舱面上服役，而管轮水兵却只能待在闷热的舱底。如果知道这个学校的掌权者多为福建人的事实，那么，浙江人的鲁迅分在管轮班就不难理解了。

学校的课程，新东西并不多。一个星期有四天英文，两天汉文。英语从头学起："It is a cat." "Is it a rat？"汉文是一天读《左传》，一天作文。作文是八股文的老套子，题目无非《知己知彼百战百胜论》《颍考叔论》《云从龙风从虎论》《咬得菜根则百事可做论》之类。有些教员头脑颟顸，思想守旧，不愿接受新知识新事物；有的教员对新名词、新概念望文生义，闹出笑话，例如有教汉文教师以为地球有两个，一个自动，一个被动，一个叫东半球，一个叫西半球。奇怪的是，水师学堂里竟然没有训练水兵用的游泳池。据说曾经有的，鲁迅入学时已经填平了。因为有两个学生在池里淹死，校方因噎废食，不但将其填平，还在上面盖起一座庙，每年阴历七月十五日请一群和尚来放焰口。

学生每星期可以爬桅杆一次，爬到高处，可以近看狮子山，远眺莫愁湖。

学校虽称"洋学堂"，但旧势力占上风，更像一个衙门。因为是军校，制度很严苛。大堂里摆着"令箭"，谁要冒犯军令，就要受到严惩。鲁迅入学不到半年，就受了处分。原来，学校新来一位教官，架子很大,傲气十足,喜欢教训学生。有一次,管轮班学生宿舍点名,却让他出了丑。他把一个名叫"沈钊"的新生唤作"沈钧",惹得学生们一阵哄笑。于是,有些学生就把这位教员叫作"沈钧",弄得他很没面子,恼羞成怒。这"犯上作乱"的结果,是鲁迅和其他十多名同学在两天之内被连记两小过两大过,假如再记一小过,凑足三个大过,就要被开除了。

鲁迅对这所学校很不满意,下了个四字评语"乌烟瘴气",决意离开。半年以后,他转到江南陆师学堂附设的矿路学堂。

矿路学堂和水师学堂一样,是两江总督张之洞开办的,起初只在陆师附设了一个铁路学堂,后来张之洞的继任者刘坤一听说南京附近的青龙山一带有烟煤矿,决定另开一班培养一批开矿技师,就把铁路与矿务合为矿务铁路学堂了。

鲁迅进矿路学堂时,戊戌变法已经失败。光绪皇帝颁布的改革诏书、谕令等一律废除,与维新运动有牵连的官员大部分被革职。康、梁到日本后,针对慈禧废黜光绪的意图,成立了保皇会。孙中山领导的革命运动更加活跃。慈禧太后也不得不顺应改革大潮,办学、办报、印书、出洋考察等措施渐次复兴。

矿路学堂的课程较为新颖,读新书的风气也浓厚。鲁迅在《呐喊·自序》中说:

> 我才知道世上还有所谓格致,算学,地理,历史,绘图和体操。生理学并不教,但我们却看到些木版的《全体新论》和《化学卫生论》之类了。我还记得先前的医生的议论和方药,和现在所知道的比较起来,便渐渐的悟得中医不过是一种有意的或无意的骗子,同时又很起了对于被骗的病人和他的家族的同情;而且从译出的历史上,又知道了日本维新是

大半发端于西方医学的事实。

陆师学堂总办俞明震是浙江绍兴人，与改革派大臣陈宝箴有姻亲关系。他能接受新思想，爱看《时务报》，学生考汉文，他有时亲自出题。有一次他出的题目是《华盛顿论》，汉文教员莫名其妙，反而惴惴地来问学生："华盛顿是什么东西呀？"

学堂里设有阅报处，除梁启超主笔的《时务报》之外，还有中国留学生在日本创办的《译书汇编》等。梁启超的文章感情充沛，激动了广大读者的心。《译书汇编》译载政治法律著作，如卢梭的《民约论》孟德斯鸠的《万法精理》等，让人耳目一新。

一个星期天，鲁迅在城南一家书铺买到一本《天演论》，是严复翻译的英国赫胥黎所著《进化论与伦理学》。鲁迅一看就喜欢上了。书的开头是：

> 赫胥黎独处一室之中，在英伦之南，背山而面野，槛外诸境，历历如在机下。乃悬想二千年前，当罗马大将恺撒来到时，此间有何景物。计惟有天造草昧，人功未施。其借征人境者，不过几处荒坟，散见坡下陀起伏间。而灌木丛林，蒙茸山麓，未经删治如今日者，则无疑也。

严复翻译这本书，目的是唤醒国人的自强保种意识。他指出，中国如果实行变法维新，就会由弱变强，否则将面临亡国灭种的危险，遭遇被淘汰的命运。

鲁迅不但自己如饥似渴地读，还连夜携往水师学堂，给在那里学习的弟弟周作人读。

1902年1月，鲁迅以第一等第三名的成绩从矿路学堂毕业。

就在这时，两江总督刘坤一根据清政府的指令，选派学生到外国留学，鲁迅获得了东渡日本的机会。

陆师学堂毕业执照

1902年3月24日，鲁迅和陆师学堂同学张邦华、顾琅、伍崇学等，在学堂总办俞明震带领下，从南京码头出发，经上海往日本。

一个月之后，鲁迅进了东京的弘文学院，穿上学校制服照了相。他把照片寄给二弟，并托二弟转寄家人。在给二弟的照片上题写了这样几句话："会稽山下之平民，日出国中之游子，弘文学院之制服，铃木真一之摄影，二十余龄之青年，四月中旬之吉日，走五千余里之邮筒，达星杓仲弟之英盼。兄树人顿首。"兴奋之情溢于言表。

1895年中日马关条约签订后，清政府派遣大批青年和官员到日本学习考察。一些革命志士也陆续流亡日本。鲁迅到日本这一年二月，梁启超创办了《新民丛报》，而以孙中山为代表的革命派则积极开展反清宣传活动，引来许多留学生追随。鲁迅也深受感染，时常赴会馆，跑书店，往集会，听讲演。

拖着长辫子的中国学生到了日本，要穿学生制服，戴帽子，不得不把大辫子盘在头上，顶得帽子高高耸起，像富士山。也有散开辫子，盘得平平的，摘下帽子来，油光可鉴，宛如小姑娘的发髻一样。两百多年前，清廷为了在汉族人民头上种植长辫，砍了很多人头，终于使汉民臣服，久而久之，汉民族已习惯成自然。这象征失败和耻辱的辫子，在外国人眼里是丑陋的，成为一种笑柄。中国男子行走在伦敦的大街上，被呼为"披克台儿"(pigtail,猪尾)、"赛维基"(savage，野蛮人)，在东京则被称为"锵锵啵子"(拖尾奴才)。所以，摆脱奴役、改变形象的第一步，就是将辫子剪掉。

鲁迅的好友、在弘文学院浙江班学习的许寿裳已经剪掉了辫子。鲁迅所在的江南班却还没有一个剪辫的，因为这个班的监督姚文甫不允许。

弘文学院先有浙江班等学生剪了辫。1903年3月，江南班的学生们终于忍耐不住，开始剪辫了。鲁迅剪辫后，兴奋地跑到自修室找浙江班的同乡许寿裳。许寿裳祝贺道："啊，壁垒一新！"鲁迅用手摸了一下自己的头顶，两人相视一笑。

鲁迅为此拍了一张免冠照片，并以诗明志：

灵台无计逃神矢，
风雨如磐闇故园。
寄意寒星荃不察，
我以我血荐轩辕。

在弘文学院剪辫后留影

剪发照题诗手迹

与许寿裳、陈仪、邵铭之合影

弘文学院是明治时代日本专为中国留学生设立的一所日语速成学校。课程设置以普通科为主，所学为日文和相当于中学课程的普通科学知识，以便为升入正式的高等专门学校打好基础。例如陈独秀在该校学习后，就进入高等师范学校。学校同时设速成班，如师范、警务、理化、音乐等。速成班用日语上课，教员配有汉语翻译。普通科学习年限为两到三年，速成班有六个月、八个月、一年、一年半不等。

学校的科学常识课很受欢迎。水乃氢气和氧气所合成、贝壳里的什么地方叫作"外套"等等知识，鲁迅觉得很有趣。

这所学校也有让学生们不满的地方。

入学不久，有一天，学监把大家集合起来，说："因为你们都是孔子之徒，今天到御茶之水的孔庙去行礼吧！"鲁迅心想，我们这些人正是因为绝望于孔夫子和他的"之徒"才到日本来的，现在竟被强戴上"孔子之徒"的冠冕，还要去拜孔夫子的像，不大情愿。弘文学院还明文规定："凡逢孔圣诞辰，晚餐予以敬酒。"校长嘉纳治五郎的主张是："振兴中国教育以进入二十世纪之文明，因不必待求之孔子之道以外，而别取所谓道德者以谓教育。然其活用之方法，则必探明中国旧学而又能掺合泰西伦理道德学说者，乃能分别其条理而审之规律。"听起来不无道理，但一心寻求新知识新方法乃至新道德的中国青年，不甘心拘守旧法。

学校的一些苛刻规定，让学生们气愤。如无论临时告假归国或者暑假归国，学生每月都须纳金六元半。学生会干部屡次交涉，要校方更改这项规定，但教务干事三矢却宣称"坚不可改"。他还威胁说，这是校长的决定，谁不同意，可以退学，他决不强留。

三矢的傲慢和轻蔑态度，使中国留学生们义愤填膺。3月27日，学生们召开特别会议，决定一起退学。第二天，包括鲁迅、许寿裳在内的50多名学生离开学院，决心抗争到底。

见学生们坚不妥协，校方不得不让步。退学学生向校方提出包括撤销三矢教务干事之职和更订课程在内的七项条件，校长一一接受。但校方又要学生们承认有"措置冒昧之失"，学生们断然拒绝。他们指出，这完全是日本学校不尊重中国学生而引起的，中国学生"无失可谢"。经过近20天的斗争，嘉纳承认校方有"不善之过"，中国学生返校，学潮得以平息。

当时，改革派的思想家们在探索着改造中国国民性问题。梁启超撰文分析中国国民的四大弱点，即"爱国心之薄弱""独立性之柔脆""公共心之缺乏""自治力之欠缺"。他呼唤建立健康的国民人格，因为"人格不具，将为世所不齿"。鲁迅受到影响，也开始思考这个问题，并常常与好友许寿裳讨论。有一次，他们谈到在历史上中国人的生命太不值钱，尤其是在做异族奴隶的时候，相对愤然长叹，深感悲哀。许寿裳回忆说：

> 从此以后，我们就更加接近，见面时每谈中国民族性的缺点。因为身在异国，刺激多端，……我们又常常谈着三个

相联的问题:(一)怎样才是理想的人性?(二)中国民族中最缺乏的是什么?(三)他的病根何在?

对于(一),因为古今中外哲人所孜孜追求的,其说浩瀚,我们尽善而从,并不多说。对于(二)的探索,当时我们觉得我们民族最缺乏的东西是诚和爱,——换句话说:便是深中了诈伪无耻和猜疑相贼的毛病。口号只管很好听,标语和宣言只管很好看,书本上只管说得冠冕堂皇,天花乱坠,但按之实际,却不是这回事。至于(三)的症结,当然要在历史上去探究,因缘虽多,而两次奴于异族,认为是最大最深的病根。做奴隶的人还有什么地方可以说诚说爱呢?……

揭露批判诈伪,提倡"诚"和"爱",成为日后鲁迅思考和写作的目标。

科学·小说

1903年6月,鲁迅参加了留日浙江同乡会成立大会。同乡会办了一个刊物《浙江潮》,他的好友许寿裳担任编辑,向他约稿。

1902年梁启超在《新小说》创刊号上发表了《论小说与群治之关系》。梁启超认为,小说对社会改革有着不可思议的强大力量,新小说是新政治的发端。这思想并非独创,也不新颖。原来日本为维新派出的出洋考察大臣到欧洲遇到雨果,问怎么革新国民的思想,雨果答道:"用小说!"于是,小说在日本受到重视,连带着雨果的作品也大受追捧。梁启超的《新小说》杂志刊登雨果的作品和照片,雨果的小说《悲惨世界》被译为中文。

鲁迅受到影响,购买了许多雨果的著作。他还从日译本转译了雨果《随见录》中的《芳梯的来历》,取名《哀尘》,发表于《浙江潮》第五期。同一期上,鲁迅还发表了译述小说《斯巴达之魂》。

《哀尘》叙述作者目睹的一个下层妇女被污辱、被损害的场景。在译者附记中,鲁迅写道:"噫嘻定律,胡独如此贱女子之身!频那夜迦衣文明之衣,跳踉大跃于璀璨庄严之世界,而彼贱女子者,乃仅求为一贱女子而不可得,谁实为之,而令若是……嗟社会之陷阱兮,莽莽尘球,亚欧同慨,滔滔逝水,来日方长。"

鲁迅编译《斯巴达之魂》有着强烈的现实关怀。当时中国正掀起轰轰烈烈的拒俄运动。1903年4月28日,东京《朝日新闻》报道,帝俄已向清政府提出七条密约,公开撕毁1902年的《交收东三省条

《浙江潮》

约》，拒绝从东三省撤军，并要求把东三省划归俄罗斯版图。这一消息引起中国留日学生的极大愤慨。4月29日，五百多名留学生在东京神田区锦辉馆集会，成立"拒俄义勇队"，并致函清政府，敦促抗俄。这封信引述了古希腊城邦国家斯巴达英勇抗拒异族入侵的故事："昔波斯王泽耳士以十万之众，图吞希腊，而留尼达士亲率丁壮数万，扼险拒守，突阵死战，全军歼焉。至今德摩比勒之役，荣名震于列国，泰西三尺之童，无不知云。夫以区区半岛之希腊，犹有义不辱国之士，可以吾数百万方里之帝国而无之乎？"中国人正需要发扬这种宁死不屈的战斗精神。

此前，梁启超写有《斯巴达小志》，称赞斯巴达是尚武之国，斯巴达精神是医治当时中国沉疴的第一良药。鲁迅编译的《斯巴达之魂》描写的正是留尼达士王 (鲁迅译为"黎河尼陀")率领三百名斯巴达将士和七千希腊盟军，与波斯王率领的数万侵略军决战于温泉关的壮烈场景。

鲁迅译述了这样一个情节：斯巴达军中一名因为眼疾未能参战的士兵，归国后，他的妻子因为他未能为国战死而感到羞耻，斥责他说："生还者非我夫"，"愿归者其鬼雄"，催促丈夫再赴疆场。鲁迅为斯巴达女子这种与国家同生死，与敌人不共戴天的精神所感动："我今掇其逸事，贻我青年。呜呼：世有不甘自下于巾帼之男子乎？必有掷笔而起者矣。"

鲁迅还尝试翻译科学小说，也是受了当时风气的影响。其时，科学小说在日本十分盛行，梁启超在横滨创办《新小说》时，就以章回体小说的形式首先译载了凡尔纳的《海底旅行》。这种别开生面的小说体裁，给中国读者以新颖感。鲁迅根据日本井上勤的译本《九十七小时二十分钟月球世界旅行》，用章回体改译了凡尔纳的《月界旅行》，稿子卖给东京进化社，得到30元稿酬。两个月后，他译述的另一部凡尔纳的科学小说《地底旅行》也出版了。此外，他还翻译了《北极探险记》，译法大胆创新：叙事用文言，对话用白话。他托蒋观云把译稿介绍给商务印书馆，不料，书馆编辑不但不接受，反把鲁迅斥责一通，说他的译法荒谬。鲁迅只好另找出版商。这样寄来寄去，总是没人要，终于连稿子也不见踪影了。

鲁迅将科学小说与当时充斥市场的侦探小说、言情小说相比，认为科学小说是"超俗"之作。鲁迅想通过这种生动活泼的"超俗"作品传播自然科学知识，促使民众从蒙昧中解脱出来，促进国人对维新的信仰。他写道："盖胪陈科学，常人厌之，阅不终篇，辄欲睡去，强人所难，势必然矣。惟假小说之能力，被优孟之衣冠，则虽析理谭玄，亦能浸淫脑筋，不生厌倦。……必能于不知不觉间，获一斑之智识，破遗传之迷信，改良思想，补助文明，势力之伟，有如此者！我国说部，若言情谈故刺时志怪者，架栋汗牛，而独于科学小说，乃如麟角。智识荒隘，此实一端。故苟欲弥今日译界之缺点，导中国人群以进行，必自科学小说始。"他还在《月界旅行·辨言》中说："至小说家积习，多借女性之魔力，以增读者之美感，此书独借三雄，自成组织，绝无一女子厕足其间，而仍光怪陆离，不感寂寞，尤为超俗。"

鲁迅翻译的法国作家凡尔纳的科幻小说《地底旅行》

与顾琅合编的《中国矿产志》。清政府农工商部通令各省矿务、商务界购阅，学部批准为中学堂参考书

鲁迅在1903年10月发表《中国地质略论》及后来与他的同学顾琅合编《中国矿产志》，是受了"实业救国"思潮的影响，结合自己的专业所做的工作。帝国主义列强贪得无厌，妄图吞食中国的宝藏，如何应对呢？鲁迅打比方说，有一个小孩，看见一群人要来夺他的食物，就机敏地拿起食物自己吞掉。中国虽然贫弱，但我们毕竟是中国的主人，可以学这个孩子的办法，组织起来，开采自己的资源，发展本国的工矿业，这样帝国主义列强就没有勒索的机会了。然而，现状却是，"主人荏苒，暴客乃张"，"今日让与，明日特许"，"引盗入室，助之折桷挠栋，以速大厦之倾"。鲁迅在文中严正警告列强："中国者，中国人之中国。可容外族之研究，不容外族之探检；可容外族之赞叹，不容外族之觊觎也。"

1904年4月，鲁迅从弘文学院毕业，选择到远离东京的仙台学医。

医　学

西方医学在日本的传播，为日本近代自然科学的发展奠定了思想基础，有力推动了明治维新的思想启蒙运动。鲁迅受了这种思想的影响，他说：

> 我还记得先前的医生的议论和方药，和现在所知道的比较起来，便渐渐的悟得中医不过是一种有意的或无意的骗子，同时又很起了对于被骗的病人和他的家族的同情；而且从译出的历史上，又知道了日本维新是大半发端于西方医学的事实。

> 因为这些幼稚的知识，后来便使我的学籍列在日本一个乡间的医学专门学校里了。我的梦很美满，预备卒业回来，救治像我父亲似的被误的病人的疾苦，战争时候便去当军医，一面又促进了国人对于维新的信仰。

1904年5月20日，清政府驻日公使杨枢，向仙台医学专门学校发出了关于清国学生周树人申请入学的照会。5月23日，仙台医专校长山形仲艺和教务主任内田守一复函杨枢，给予这位学生免试入学的待遇。

6月1日，鲁迅正式填写了入学申请书和学业履历书。在鲁迅之前，仙台医专从未招收过中国留学生。因此，鲁迅的到来，成为仙台市的一个大新闻。地方报纸在一段时间里持续报道了他的行踪。

鲁迅刚到仙台，食宿都不习惯。虽然是初冬时节，夜里蚊子却依然不停地飞，他只好用被子盖了全身，用衣服包住脸，只留两个鼻孔出气。所租住公寓的饭菜不错,但因为离一所监狱很近,公寓有时也包办囚犯的伙食。好心的老板总过意不去,校方也觉得让外国学生和囚犯搭伙,是一种亏待,因此,一再催促鲁迅搬家。结果,新住处的伙食反而不如临近监狱那一家。

仙台医专的课程排得很紧,一星期有两天是从早晨七点就上课,解剖学、组织学、生理学、伦理学、德文、物理、化学、体操等,满满当当。解剖学和组织学两科目,名词多用德文、拉丁文,必须强记。学校条件较差,好多科目没有课本,图书馆也没有相关参考书,课堂内容全靠记笔记,因此上课时必须拼命地记录。这对日语还不很熟练的鲁迅来说,是很大的挑战。

解剖学教师藤野严九郎先生少年时代学过汉文,对中国悠久的历史文化及创造这文化的人民产生了敬重之情。他体察到鲁迅身处异国,孤独寂寞,对鲁迅特别关心。

开课一个星期后,藤野先生派助手叫鲁迅到他的研究室,问他课堂上能不能把讲义抄下来。鲁迅回答说,自己能抄下一些。藤野先生就叫鲁迅把笔记给他看。鲁迅把笔记本交给老师。不久,鲁迅打开藤野先生退还的笔记本一看,大吃一惊,同时又感到一种不安和感激。原来讲义已经被藤野先生从头到尾,都用红笔添改过了,不但增加了许多脱漏的地方,而且连文法的错误,也都一一订正。

藤野先生让鲁迅每周都把笔记本交给他一次,他都一样认真地加以改正,一直继续到教完他所担任的功课,骨学、血管学、神经学。

有一次,藤野先生在检查鲁迅的笔记时,发现一幅下臂血管图画得不准确。他指着图,和蔼地说道:"你看,你将这条血管移动了一点位置。自然,这样一移,的确比较的好看些,可是解剖图不是美术,实物是那么样的,我们没有法改换它。现在我替你改好了,以后你要

鲁迅的医学笔记

全照着黑板上那样的画。"

在清国留学生大受歧视的日本，鲁迅遇上藤野先生这样有同情心的人，是很值得庆幸和感念的。

鲁迅归国许多年后，仍然时时想起这位老师对他的指导和关怀。他在回忆文章中写道："在我认为我师的之中，他是最使我感激，给我鼓励的一个。有时我常常想：他的对于我的热心的希望，不倦的教诲，小而言之，是为中国，就是希望中国有新的医学；大而言之，是为学术，就是希望新的医学传到中国去。他的性格，在我的眼里和心里是伟大的，虽然他的姓名并不为许多人所知道。"

如今，北京阜成门内鲁迅旧居的书房兼卧室"老虎尾巴"的东墙上还挂着藤野先生的照片，背面写着"惜别 谨呈周君 藤野"。鲁迅这么做的用意，如他所说："每当夜间疲倦，正想偷懒时，仰面在灯光中瞥见他黑瘦的面貌，似乎正要说出抑扬顿挫的话来，便使我忽又良心发现，而且增加勇气了，于是又点上枝烟，再继续写些为'正人君子'之流所深恶痛绝的文字。"

第一年考试成绩出来了。同年级142名学生，鲁迅排名第68位。

"中国人是低能儿，能得到这样好的成绩吗？"一些日本学生产生了这样的疑问。他们怀疑藤野先生将考题透露给了鲁迅。一天，鲁迅同级的学生会干事来到他的宿舍，要借他的笔记看一看。鲁迅便将笔记找出来交给他。这位干事翻检了一通，还给了鲁迅。不久，邮差送来一封很厚的信，鲁迅拆开看，第一句话是："你改悔罢！"

这是《圣经·新约》上的教训。俄国作家列夫·托尔斯泰因为反对日俄战争，写信给日本天皇和俄国沙皇，引用这句话，意在劝告他们停止杀戮。来信引用这句话，是在暗示上学年解剖学考试，藤野先生在鲁迅的笔记本上做了标记，所以鲁迅才得到那样的成绩。

鲁迅恍然大悟，想起几天前发生的一件事：

那天，学生干事在黑板上写了召开全级学生会议的通知，在最后一句"请全数到会勿漏为要"的"漏"字下边加了一个表示着重的圆点。当时鲁迅莫名其妙，现在恍然大悟了，那"漏"字是在影射自己因为藤野先生"漏"了试题才考出了不错的成绩。

鲁迅与仙台医专同学合影

实际上，鲁迅的考试成绩除了伦理学在八十分以上之外，其余的大部分都在六十多分左右。藤野先生任课的解剖学，他仅得59.5分，属于丁等。

第二学年，有一门课是细菌学。细菌的形状要用幻灯片来显示。老师教完一个段落还没有下课的时候，会给学生放映一些风景或者时事的画片。放映的大多是刚刚结束的日俄战争中日本军队战胜的镜头。每当此类镜头出现，"万岁"的欢呼声立刻响彻教室。

当时，日本军国主义达到狂热的程度，报纸连篇累牍刊载战争场面。鲁迅看到中国人被日本军人押赴刑场，据说是因为给俄国人做侦探，要枪毙示众，而围观的也有一群中国人。斩处"奸细"的情景更触目惊心。当时的报纸上多有这样的新闻报道。例如，《俄国奸细之斩首》的照片说明是："中国古来之刑，在于杀一儆众，故其刑极为严酷，宛如所见之佛家地狱图，毫不宽贷。若夫捕获马贼，游街之后，以所谓鬼头刀之钝刀处斩，裸尸曝市示众。尸体身首异处，横抛街头，血流凝聚成块，状不忍睹，尤其日军对俄国奸细所处之极刑，多用斩首。"有些照片上竟然还有神情麻木的中国人站在一旁观看。

鲁迅深受刺激，因此加强了他放弃学医的决心：

> 我便觉得医学并非一件紧要事，凡是愚弱的国民，即使体格如何健全，如何茁壮，也只能做毫无意义的示众的材料和看客，病死多少是不必以为不幸的。所以我们的第一要著，是在改变他们的精神，而善于改变精神的是，我那时以为当然要推文艺，于是想提倡文艺运动了。

他回到东京，把这个决定告诉好友许寿裳。许寿裳很吃惊，认为他见异思迁，就问他原因。鲁迅回答说："我决计要学文艺了。中国的呆子，坏呆子，岂是医学所能治疗的么？"

"新生"

鲁迅回东京后，把学籍登记在东京德语协会所办的德语学校，这样可以仍然以留学生的身份领取官费，有了官费的保障，自由地阅读和写作就不成问题了。然而，对于鲁迅弃医从文，当时少有人理解。一般留学生的心目中，理工、政法能挣钱、做官，是救国和自救的好出路。文学没有什么实际用处，除了挣来点儿虚名和几个可怜的稿费。

这时，鲁迅的生活发生了一个重大变化：他结婚了。他不断接到母亲的来信，催他回去结婚，有时一天竟能收到两封，弄得他焦躁不安。

原来，他的母亲听到一种传言，说在日本留学的一位绍兴同乡，看到鲁迅和一个日本女人结了婚，而且看见他们领着孩子在神田街头散步。母亲不愿儿子娶日本媳妇，倒在其次，更主要的是，她已经为鲁迅订了一门亲事。那位姑娘叫朱安，是绍兴城内丁家弄一个富裕之家的女儿。娶这样一位家境富裕的女子，对经济拮据的周家是好事。而且，儿子不在家，她也可以有个陪伴。

这门亲事，鲁迅本不愿意，但母命难违。不得已，他曾提出要女方放脚，并且读书识字。但这两样，在那时的绍兴还都是新生事物，一般思想保守的家庭难以接受。

鲁迅回国，默然地服从母亲和族人的安排，完婚如仪，自始至终没提出反对意见。婚礼结束后，鲁迅被人扶着上楼入新房。出现在鲁迅面前的新娘，脸孔黝黑狭长，身材矮小，裹了尖尖小脚，给人一种发育不全的病态印象。鲁迅脸色阴沉，一言不发。据说，第二天，人们发现他的枕头被泪水浸湿。婚后不久，他就匆匆地返回东京去了。

多年后，他在北京主编刊物时，一位深受包办婚姻之苦的青年人来信，倾诉内心的苦闷，让他产生强烈的共鸣，将之发表出来，"……这婚姻，是全凭别人主张，别人撮合：把他们一日戏言，当我们百年的盟约。仿佛两个牲口听着主人的命令：'咄，你们好好的住在一块儿罢。'爱情！可怜我不知道你是什么！"

包办婚姻中，男子固然深受其苦。但女方也是受害者和牺牲者。而且，女子的牺牲往往更大更彻底。鲁迅有感而发：

> 爱情是什么东西？我也不知道。中国的男女大抵一对或一群 —— 一男多女 —— 的住着，不知道谁知道。……在女性一方面，本来也没有罪，现在是做了旧习惯的牺牲。我们既然自觉着人类的道德，良心上不肯犯他们少的老的罪，又不能责备异性，也只好陪着做一世的牺牲者，完结了四千年的旧账。

鲁迅曾对好友许寿裳谈到自己的婚姻，说："这是母亲送给的礼物，我只好供养她。爱情是我所不知道的。"

他们只是名义上的夫妻。鲁迅从日本回国后，除了1910年7月至1912年2月在绍兴教书住在家里之外，其他时间在外地工作，夫妻一直处于分居状态。1919年，鲁迅和弟弟们合伙在北京买了西直门内公用库八道湾胡同一所房子，才将母亲和朱安接到北京。在阖族聚居的大院里，他们也是分居。兄弟失和，鲁迅要搬出八道湾、迁居砖塔胡同时，曾征求过朱安的意见：是继续住八道湾跟母亲在一起，还是回绍兴娘家，每月由北京寄给她生活费。朱安回答说："八道湾我不能住，因为你搬出去，娘娘（指鲁迅母亲）迟早也要跟你去的，我

妻子朱安女士

独个人跟着叔婶侄辈过，算什么呢？绍兴我也不想去。你搬到砖塔胡同，横竖总要人替你烧饭、缝补、洗衣、扫地的，这些事我可以做。"

虽然鲁迅不愿同她在一起，但鲁迅的母亲已经离不开儿媳了。

鲁迅过着简朴的独身生活，这并不是因为朱安不照顾他，而是他自己的习惯。有一次他对孙伏园说："一个独身的生活，决不能常往安逸方面着想的。岂但我不穿棉裤而已，你看我的棉被，也是多少年没有换的老棉花，我不愿意换。你看我的铺板，我从来不愿意换藤绷或棕绷，我也不愿意换厚褥子。生活太安逸了，工作反而被生活所累了。"鲁迅把全部精力集中在工作上，也是摆脱无爱的家庭生活的一种方式。

在砖塔胡同暂住时，母亲和他们夫妇同桌吃饭，因为母亲爱说说笑笑，所以气氛显得热闹一些。当母亲去周作人那里，只剩下夫妻两个时，他们的话就少了。便是有话，也只是朱安询问菜的咸淡，鲁迅或点点头，或者答一声"是"或"不"，然后又埋头静静地各自吃饭。

鲁迅尽量避免同朱安接触和谈话。宫门口西三条寓所有一只柳条箱，底和盖两部分各放一处，底放在鲁迅床下，里面放着他换下来的要洗的衣裤，盖子放在朱安屋门的右手，口朝上翻着，里面放的是鲁迅要换上的干净衣裤。夫妻以这样的默契，减少说话的机会。

母亲没有想到，她的一片好意竟给儿子带来痛苦。她看出来了："不知为什么，他们总是好不起来。他们不吵嘴，也不打架，平时不多说话，但没有感情，两人各归各，不像夫妻。"

有一次，朱安半是自我辩护半是埋怨地说："老太太嫌我没有儿子，大先生终年不同我讲话，怎么会生儿子呢？"

朱安自然很想取得鲁迅的好感，对鲁迅也很关心照顾。在砖塔胡同居住时，院子里有几个小孩，有时打打闹闹，很不安静。朱安总是百般劝说，要他们别打扰鲁迅写作。据砖塔胡同邻居的孩子们回忆，鲁迅有一段曾教她们做体操。有几次鲁迅不在家时，朱安也跟在她们后面学着做起来。当时她们不理解：她年纪那么大，又是一双小脚，跳起来很吃力，何苦呢。后来才醒悟，这是朱安对鲁迅敬佩和爱慕的一种表示——她在努力向鲁迅看齐。朱安是一个性情温顺的女子，对于鲁迅的沉默和冷淡，只能接受和忍耐。

这桩婚姻给鲁迅一生带来极大痛苦，对他的性格的养成和人生观产生了深刻影响。

婚后不久，鲁迅匆匆地返回东京，从事文学运动。

文学是一条寂寞的道路。鲁迅在《域外小说集》新版序言中回忆说：

> 我们在日本留学的时候，有一种茫漠的希望，以为文艺是可以转移性情，改造社会的。因为这意见，便自然而然的想到介绍外国新文学这一件事。但做这事业，一要学问，二要同志，三要工夫，四要资本，五要读者。第五样逆料不得，上四样在我们却几乎全无。

发起人是四位。鲁迅、许寿裳是骨干，鲁迅二弟周作人刚从国内来，虽还不熟悉情况，但热情很高。此外还有一位叫袁文薮，学问也不错，后来转往英国留学。不料一去杳无音信，不但没有写文章，连信也没有来过一封。《新生》还没有排好阵，就先折了一员大将。

《新生》拟用封面画《希望》

《新生》杂志封面图案和插图都已选定。第一期封面用英国十九世纪画家瓦支的油画《希望》，画的是一个衣衫褴褛、双目失明的女神，跪在地球上面，怀抱的竖琴只剩下一根琴弦。此外，俄国反战画家威勒须却庚的作品中有一幅画的是英国军队把印度革命者绑在炮口上处决的场面，很有震撼力，也选来备用。

因为是介绍外国文学的刊物，所以杂志采用了意大利诗人但丁的诗集名称 Vita Nouva（新生）。

周围同学看他们忙得很起劲，都很好奇。但知道他们的意图后，又很不以为然，就开玩笑说，这"新生"莫非是"新进学的生员"（即秀才）的意思么？有人就当面问他们："你们弄文学做什么？有什么用处！"

《新生》流产了。

1908年前后，鲁迅和弟弟周作人一起翻译被压迫民族的进步文学，特别是东欧和北欧弱小国家的小说及暴露沙俄统治下的黑暗现实的俄罗斯文学作品，想以此引起被压迫被奴役的中国人民的共鸣。

鲁迅在洋灯下看书译作往往到深夜，别人一般不知道他是什么时候睡的，因为都比他先睡下。常常是第二天早晨，房东进屋拿煤油灯和整理炭盆，看见盆里插满了香烟头，像是一个大马蜂窝。

兄弟俩的翻译成果编成《域外小说集》。但要出版，最大的困难是缺钱。可巧，这时，他们的住处来了一对同乡夫妇，男的叫蒋抑卮，是个秀才，爱好读书，思想比较开通。他为治耳病来到东京，打算长期居住，但新来乍到，一时没找到房子，再加上不懂日语，需要人照顾，只好借住在鲁迅这里。鲁迅把自己的房间让出来，搬到周作人和许寿裳的房间里。这样地凑合了几个星期。

蒋抑卮是浙江兴业银行的股东。他有一句口头禅，凡遇到困难，就说，只要"拨伊铜钿"就行了吧！铜钿就是铜钱，这句话意为"给他钱"。爱给人起绰号的鲁迅就称他"拨伊铜钿"了。他听说鲁迅兄弟想印刷翻译小说集，大为赞成，慷慨允诺："拨铜钿！"

于是，《域外小说集》连出两辑，署名"会稽周氏兄弟纂译"。序言由鲁迅执笔：

《域外小说集》为书，词致朴讷，不足方近世名人译本，特收录至审慎，移译亦期弗失文情。异域文术新宗，自此始入华土。使有士卓特，不为常俗所囿，必将犁然有当于心。按邦国时期，籀读其心声，以相度神思之所在。则此虽大海之微沤欤，而性解思惟，实寓于此。中国译界，亦由是无迟暮之感矣。

口气里含着自负。所谓"近世名人"显然是指林纾和严复等翻译家。兄弟俩将这两位翻译巨匠列为追赶和超越的目标。

另外一点让他们引以为自豪的是，他们介绍的文学作品来自所谓"弱小民族"，与近世名人们的选择很不同，所以标榜为"文术新宗"。例如鲁迅翻译的安特莱夫的两篇小说《谩》与《默》，就是指出俄罗斯民族的缺点的作品，也与鲁迅思考的中国民族缺乏"诚"和"爱"的问题有关。

《谩》描写一个男青年真挚地爱着他的恋人,而他的恋人也信誓旦旦地说:"吾爱君,汝宜信我。此言未足信汝耶?"但她却后来背叛了爱人,投入另一个"伟美傲岸者"的怀抱。失恋的男子悲愤至极,感到社会充满了欺骗与黑暗,他呼喊道:"援我!咄,援我来!"然而,"谩乃永存,谩实不死。大气呵屯,无不含谩。当吾一吸,则鸣而疾入,斯裂吾匈,嗟乎,特人耳,而欲求诚,抑何愚矣!伤哉!"诚信在谎言面前失败了。

《默》刻画了牧师伊革那支的凶恶形象。他"为牧师酷,为父凶,缘此罪障,乃不能自保其骨肉"。他以冰冷僵硬的心逼死了自己的女儿威罗,妻子也因女儿的夭亡而悲痛至极,性情变态,整日沉默不语。最终牧师遭了"默"的报复,也发了疯。

但销售结果却很不理想,第一册印一千本,第二册不敢多印,减为五百本,半年过去,东京寄售处结账,第一册卖去二十一本,第二册卖去二十本。

为什么第一册多卖出一本呢?因为好友许寿裳怕寄售处不遵定价,额外需索,所以亲自去试了一回,果然划一不二,就放了心,第二册不再试了。

他们计划先出两册,等卖回本钱,再印第三第四乃至第X册,积少成多,就可以比较全面地介绍各国作家的作品了。

河南留学生同乡会办的《河南》杂志在留学生所办杂志中是较晚出的一种,编者向鲁迅约稿。鲁迅在第一期上发表了《人之历史》,后来陆续发表了《科学史教篇》《文化偏至论》《摩罗诗力说》等。

这几篇中,比较重要的是后两篇。《文化偏至论》分析了西方历史文化发展进程,指出其存在的偏颇。鲁迅认为关键在于改造人们的思想,就是所谓"立人":"首在立人,人立而后凡事举。"

怎样才能立人呢？鲁迅提出的办法是"尊个性而张精神"。这是受了当时流行的个人主义思潮的影响，其主要来源是德国哲学家尼采和施蒂纳等人。因为当时西方的资产阶级民主制度施行所谓多数统治，少数人的意见得不到尊重，知识分子、社会改革先驱的主张不被理解，理想难得实现的机会。所以鲁迅提出了"任个人而排众数"，任个人，就是要有"超人"也就是精英、先觉者出现，做群众的启蒙工作，推动社会前进。如此进行，中国才有希望。

鲁迅认为，进行思想启蒙，文艺是最好的手段。但中国一贯在儒家思想的统治下，推行温柔敦厚的诗教，很少震人心魄、启人深思的作品。鉴于此，鲁迅认为应该"别求新声于异邦"，到外国寻找能激励人心的文学作品。符合这个要求的是"力足以振人""不

与二弟周作人合译的《域外小说集》封面

为顺世和悦之音"的"摩罗派"诗歌，也就是西方浪漫主义文学。

这就是他的文学论文《摩罗诗力说》的主旨。文章介绍了英国诗人拜伦和雪莱，俄国诗人普希金和莱蒙托夫，波兰诗人密兹凯维奇和匈牙利诗人裴多菲等的生平和作品，总结出他们的精神是"立意在反抗，指归在动作"，他们有"不克厥敌，战则不止"的顽强意志。这些杰出诗人表现了愤怒情绪和反抗意志，是鲁迅这一代中国人所能理解并能产生共鸣的。

鲁迅在文章结尾呼唤道：

> 今索诸中国，为精神界之战士者安在？有作至诚之声，致吾人于善美刚健者乎？有作温煦之声，援吾人出于荒寒者乎？

不管从整个国家的形势还是从个人生活和创业的遭际上看，鲁迅都处在"荒寒"之中，他还不能得到"新生"。

师　承

鲁迅在东京，比较接近像章太炎这样的既有学问又积极参加革命运动的人。鲁迅后来称章太炎是"有学问的革命家"。

鲁迅很少积极参加实际的革命斗争。所谓实际斗争，就是联络会党，策动起义，例如同在日本留学的黄兴、陈天华等人就曾回湖南、湖北运动清军起义，组织武装暴动；此外还有研习制造炸弹，搞暗杀等等，都是有生命危险的革命工作。这些鲁迅都没有参与。

当时，光复会已经成立，其成员以浙江人为多。领导人陶焕卿、蔡元培都是绍兴人，鲁迅在感情上亲近他们。关于鲁迅同陶焕卿的交往，周作人在《关于鲁迅之二》中回忆说：

> 当时陶焕卿（成章）也亡命来东京，因为同乡的关系常来谈天，未生（龚未生，章太炎女婿——引者）大抵同来。焕卿正在联络江浙会党，计画起义，太炎先生每戏呼为焕强盗或焕皇帝，来寓时大抵谈某地不久可以"动"，否则讲春秋时外交或战争情形，口讲指画，历历如在目前。尝避日本警吏注意，携文件一部分来寓嘱代收藏，有洋抄本一，系会党的联合会章，记有一条云：凡犯规者以刀劈之。又有空白票布，红布上盖印，又一枚红缎者，云是"龙头"，焕卿尝笑语曰，填一张正龙头的票布如何？数月后焕卿移居，乃复来取去。

鲁迅内心里不喜欢"强盗"和"皇帝"。他自知不是"振臂一呼应者云集"的英雄，因此是不会填写"正龙头的票布"的。

他后来对许广平说："凡做领导的人，一须勇猛，而我看事情太仔细，一仔细，即多疑虑，不易勇往直前；二须不惜用牺牲，而我最不愿意使别人做牺牲（这其实还是革命以前的种种事情的刺激结果），也就不能有大局面。"

鲁迅不是从事实际斗争的人才，他属于文人学者类型。

章太炎也偏重思想，办报纸、讲学是他的主要工作。章太炎认为，改革中国社会，关键在于激扬精神。在改良派主张大力输入西方科学技术以救中国的时候，他却主张以精神、道德、宗教为革命的推动力和社会改革的武器。他反对一味崇拜西方，并揭发资本主义文明的流弊。章太炎从上海监狱中获释后，来到日本。在留日学生为他举办的欢迎会上，提出中国当时最急迫的任务，一是用宗教发起信心，增进国民的道德；二是用国粹激动种性，增进爱国的热肠。

章太炎先生

《民报》被禁之后，章太炎开办国学讲习班，清风亭、帝国教育会、神田大成中学，都有他的讲授之处。其时，鲁迅、许寿裳、周作人等住在一起，也很想听讲，但因时间冲突，不能前往。他们就通过章太炎的女婿龚未生联系，请章太炎用星期日上午的时间在民报社另开一班，太炎先生欣然应允。于是，1908年夏天，这个有八个学员的小班开班，除了鲁迅、许寿裳、钱家治和周作人之外，还有原来在大成中学听讲的龚未生、钱玄同、朱希祖、朱宗莱。

几个学生在狭小的寓室席地而坐，中间摆一张小矮桌算是教席。章太炎讲音韵学，从三十六字母和二十二部古音大略讲起。不到半年的时间里，他讲了《说文解字》《尔雅义疏》，还讲了一些文学知识。

章太炎学问好，精神健旺，对弟子态度和蔼可亲。据周作人回忆：

> 太炎先生对于阔人要发脾气，可是对于学生却极好，随便谈谈，同家人朋友一样，夏天盘膝坐在席上，光着膀子，只穿一件长背心，留着一点泥鳅须，笑嘻嘻的讲书，庄谐杂出，看去好像是一尊庙里的哈喇菩萨。

鲁迅听课很认真，并且用心记录。后来鲁迅在考据、校勘、整理文献方面有所成就，与这个时期的训练是分不开的。

章太炎学而不厌、积极进取的精神，也激励了鲁迅。太炎先生对佛学很有心得，有一时萌生了学习梵文，日后到印度钻研佛经的念头。但梵文的老师很难找，日本佛教徒里虽有，章太炎却不喜欢他们。后来好不容易找到一个教师，却苦于学生太少。于是，他赶紧写一封信给鲁迅兄弟俩：

> 豫哉启明兄鉴：数日未晤。梵师密史逻已来，择于十六日上午十时开课，此间人数无多，二君望临期来赴。此半月学费弟已垫出，无庸急急也。

后来，因为种种原因，他们没能把梵文学习下去。

周作人来日本后，与鲁迅住在一起。两兄弟虽然都有官费，但经济上仍时感紧张，不得不设法再挣一些外快。有一时，湖北省同学会要翻印《支那经济全书》，由在日本的湖北籍学生分担译事。鲁迅托人领回一部分稿子做校对工作。正在此时，章太炎因办报被日本当局罚款，若到时交不出罚金，就要被拉去做苦工。鲁迅和许寿裳等人商量，挪用《支那经济全书》校对费一部分替章先生交了罚款。

豫才兄鉴:数日来晤梵师,密义
启朋,先数日来晤梵师,密义
逻辑未满于十六中上午十时开课
此间人数尚多,二君望临期来
赴,此半月学费弟已垫去矣
膳金无也,手厪印须
授讫
　　　　　　　麟顿首　十四

章太炎邀约鲁迅、周作人学习梵文的信

虽然鲁迅对章太炎晚年的思想和活动并不都赞成，但总体评价还是正面的。他在《关于太炎先生二三事》中说：

> 考其生平，以大勋章作扇坠，临总统府之门，大诟袁世凯的包藏祸心者，并世无第二人；七被追捕，三入牢狱，而革命之志，终不屈挠者，并世亦无第二人：这才是先哲的精神，后生的楷范。

1933年6月，鲁迅给一位也曾从学于章太炎的朋友写信，谈了他的师道观念："古之师道，实在也太尊，我对此颇有反感。我以为师如荒谬，不妨叛之，但师如非罪而遭冤，却不可乘机下石，以图快敌人之意而自救。太炎先生曾教我小学，后来因为我主张白话，不敢再去见他了，后来他主张投壶，心窃非之，但当国民党要没收他的几间破屋，我实不能向当局作媚笑。以后如相见，仍当执礼甚恭（而太炎先生对于弟子，向来也绝无傲态，和蔼若朋友然）。自以为师弟之道，如此已可矣。"

总起来说，鲁迅的师承中，章太炎占有比较重要的地位。他的学问和出处与章太炎有很多相像之处，虽然章太炎并不一定把他视为自己的学生。章太炎比他早几个月去世。他在悼念的文字中说：

> 但革命之后，先生亦渐为昭示后世计，自藏其锋铓。浙江所刻的《章氏丛书》，是出于手定的，大约以为驳难攻讦，至于忿詈，有违古之儒风，足以贻讥多士的罢，先前的见于期刊的斗争的文章，竟多被刊落，……一九三三年刻《章氏丛书续编》于北平，所收不多，而更纯谨，且不取旧作，当然也无斗争之作，先生遂身衣学术的华衮，粹然成为儒宗，执贽愿为弟子者綦众，至于仓皇制《同门录》成册。近阅日报，有保护版权的广告，有三续丛书的记事，可见又将有遗著出

版了，但补入先前战斗的文章与否，却无从知道。战斗的文章，乃是先生一生中最大，最久的业绩，假使未备，我以为是应该一一辑录，校印，使先生和后生相印，活在战斗者的心中的。

这其实也是鲁迅的自我评价。他把这观念落实到行动上，每年的"杂文"都编成集子，不但收录自己的文章，还常常收入论战对手的文章。

第四章 沉潜

一九〇九年八月,鲁迅离开东京回国,结束了十年的求学生涯。从日本回国后的两年,鲁迅的心情十分沉郁。这一时期,鲁迅大量购读佛经,并抄录了《法显传》《出三藏记集》等。为了排遣郁闷,鲁迅让自己"沉入古代",整理了大量古典小说资料,编成后来的《古小说钩沉》。

教　员

鲁迅原打算留在日本继续从事文艺运动或者去德国深造，但现实情况已经不允许了。二弟周作人已经结婚，需要更多生活费用；绍兴老家也经济拮据，希望他回国工作，有所帮助。

在此之前，许寿裳已经回国，在浙江省两级师范学堂担任监学（教务长），鲁迅给他写了信，说明情况，托他为自己找工作。许寿裳把他推荐给学堂的监督（校长）沈钧儒，沈钧儒同意接收。

浙江两级师范学堂原为浙江贡院，科举制度废除后，建起师范学校，分为"优级"和"初级"两部分，优级培养中学教师，初级培养小学教师。

鲁迅担的课是初级班的化学和优级班的生理，同时担任日本生物学教师铃木的翻译。鲁迅翻译、讲课、编写讲义，十分认真。他注意向学生们介绍最新的科学知识。他讲生理学，讲到肌肉组织的化学成分时，介绍了德国著名生理学家库恩从肌纤维中发现肌球蛋白的贡献；讲到唾液素对淀粉的作用时，根据最新研究成果指出，过去专家学者们以为唾液素使淀粉变成糊精和糖是一种错误的说法，从淀粉转化为糖，过程十分复杂，要经过许多阶段，糊精只是中间环节。这些新知识，对学生们很有吸引力。

为了使学生更好地理解和掌握课堂上所学的知识，鲁迅常利用星期六下午没有课的时间，陪同日本教师铃木，带着学生，到孤山、葛岭、北高峰一带采集植物标本，一路给学生们讲解。有一次，学生们在山坡上看到一株开着黄花的植物,不知道名称,就向铃木老师请教。铃木看了看说:"这是'一枝黄花'。"学生们听了,以为是玩笑话,都笑起来。鲁迅见此情形,立即严肃地解释说:"这是多年生草本植物,属菊科。可以入药,也可以提取染料,名字就叫作'一枝黄花'。还有叫'兴安一枝黄花','朝鲜一枝黄花'的,生长在北方。铃木先生说的并不错。不信,大家回去可以查植物志,对图谱。"

鲁迅讲授生理学,不仅在讲义中编写了有关生殖系统的一章,而且在课堂上公开向学生讲解生殖系统的器官组织结构和生理机能,这在当时是很需要勇气的。讲课时,鲁迅严肃认真,并规定学生们听讲时不许笑。他说:"在这时候,不许笑是一个重要条件,因为讲的人态度是严肃的,如果有人笑,严肃的空气就破坏了。"

1909年冬,沈钧儒被选为省咨议局副议长,辞去了两级师范学堂监督职务。浙江巡抚增韫派浙江省教育总会会长夏震武兼任学堂监督。夏震武以理学家自命,思想保守,经常把"忠孝"和"廉耻"教育挂在嘴边。他上任第一天,就摆出一副尊经崇圣的姿态,要求监学许寿裳陪他去"谒圣"。许寿裳托词不去,惹得他很不高兴。他看学校好多教员都剪了辫子、穿洋服,更觉不成体统,声称非整顿不可:"……神州危矣,立宪哄于庭,革命哗于野,邪说滔天,正学扫地,髡首易服,将有普天为夷之惧。"他说的"夷"是指外国。

而当时的革命者是把清朝统治者也视为"夷"的。

按照惯例,新任的监督应该先拜会住校教师。夏震武却想借机打压一下教师们的尊严,只差人向住校的教师每人送了一张名片。这种不礼貌的行为使教员们更加不满。他随后下了一道"手谕",要在礼堂与教师们相见,要求各位教师按品级全副顶戴正装出席。消息传出,群情激愤。

浙江两级师范学堂部分教员庆祝"木瓜之役"胜利合影

第二天,夏震武来到小礼堂,却看见一副副冷脸,并没有人穿礼服,很多人没有辫子。大家沉默不语,没有一个站起来和他打招呼。夏震武受到冷遇,厉声斥责许寿裳说:"你们这个师范学堂办得很不好。"

教员们听了,都很生气,纷纷责问:"怎么不好,你说!"气氛越发紧张。有人骂他"假孝子""假道学""老顽固",说他不配来做校长。夏震武不知所措,仓皇离去。

这次会见使夏震武威风扫地。他的亲信用梁山泊人物的诨名编排反对他的教员,把许寿裳比作"白衣秀士",把鲁迅称为"拼命三郎",张冷僧则是"霹雳火"。他写信骂许寿裳"离经叛道,非圣侮法",还写出了许寿裳"不能一日立于教育之上"这样不通的句子,意思是要许寿裳辞职。一部分教员为支持许寿裳,立即向浙江省提学递交辞呈。鲁迅和住校的十几位教师带着行李、书籍,离开学堂搬到湖州会馆。

老师一走,学生们不能上课,也向提学请愿。提学下令教师们复课,但没有人听从。教师们坚持说,夏震武不走,决不回校。学潮持续了两个多星期,有人劝夏震武辞职,他固执地拒绝,说:"兄弟决不放松。"浙江提学眼见无法解决矛盾,只好命令夏震武辞职了。

斗争胜利结束后,二十多位教师在湖州会馆的院子里照了一张相,并到饭店里聚餐祝贺。大家戏称夏震武为"夏木瓜",因此这一仗就被叫作"木瓜之役"。聚餐会上,"拼命三郎"鲁迅情绪高昂,他用筷子夹起一块肉,模仿夏震武的语调说:"兄弟决不放松!"

大家开怀大笑。

共 和

鲁迅在杭州工作一年后，于1910年6月回到故乡绍兴。从这年秋季开始，他担任绍兴府中学堂的学监，兼任博物学、生理卫生学教员。

他办事勤恳，管理严格，受到学生们的尊敬。但地方政治腐败，人浮于事，鲁迅的工作遇到很多困难。他常常与也曾留日的范爱农一起喝酒，发牢骚。

1911年10月10日武昌起义成功，中华民国军政府成立。各地的革命党人积极响应，湖南、陕西、江西、山西、上海、江苏先后宣告独立，革命浪潮席卷了清王朝的半壁江山。

11月4日，革命党人光复了杭州。消息很快传到绍兴，小城沸腾起来。一度有传言说杭州被打败的清兵要渡过钱塘江到绍兴来，闹得人心浮动，店铺关门。鲁迅召集学校师生，手执长刀，游行通衢，张贴告示，安定民心。

很快，新政府组织起来——绍兴光复了。

第二天，范爱农进城，邀请鲁迅去看光复后的景象。鲁迅敏锐地观察到，这个"新政府"中有很多老面孔——原绍兴知府程赞清变成了新政府的首脑，原铁道股东担任行政司长，钱店掌柜当上军械司长，而在杀害革命烈士秋瑾一案中起过帮凶作用的章介眉，竟被起用为治安科科长……

没过几天，鲁迅认识的革命党人王金发带兵从杭州来了。当穿着蓝色制服的王金发的军队进城时,市民夹道欢迎。王金发立即宣布取消临时政府,组建新政府,自任都督,并逮捕了章介眉。

第二天,鲁迅和范爱农就去见新都督。范爱农摸着王金发剃得精光的头皮说:"金发大哥,你做都督哉。"王金发任命鲁迅为山会初级师范学堂(后改称绍兴师范学校)监督,范爱农为督学。

权力和地位对人的腐蚀是很迅速的,新政府很快被旧势力包围。王金发认为大局已定,开始作威作福起来。乡绅们来赞美他,恭维他,这个拜会,那个请吃,今天送衣料,明天送翅席,捧得他忘乎所以。新政府的头头脑脑,进城时穿着布衣,刚过十来天就都换上了皮袍 —— 尽管天气并不冷。更有些官员开始动手刮地皮。

学校的几个青年学生看不惯他们这行径,来找鲁迅,建议办一张报纸进行舆论监督府。他们请鲁迅列名为发起人之一。鲁迅答应出任"名誉总编辑"。1912年初,鲁迅、陈子英、孙德卿三人联名发起的《越铎日报》创刊了。"铎"是警钟的意思。鲁迅撰写《出世辞》,申明报纸的宗旨是"促共和之进行,尺政治之得失,发社会之蒙复,振勇武之精神"。

报纸毫不客气地批评都督和都督的亲戚、同乡、姨太太等,一个月内就发表了《杜海生污我浙水》《呜呼章介眉 —— 奸贼,奸贼,而今水落石出》等文章,言辞犀利。报纸还披露王金发收受贿赂,将秋瑾案的告密人章介眉释放。王金发看后非常恼火,说这些人拿了他的钱还骂他,扬言要杀人。鲁迅的母亲很担心,叫儿子不要出门。但鲁迅不在意,依旧在夜间提着写有"周"字的灯笼去学校住宿。

王金发采取了怀柔策略,表示愿意资助《越铎日报》,并马上派人送来五百元 —— 显然是封口费。社外编辑范爱农主张拒绝资助,但办报的青年们开了一个会,决议收下。鲁迅听到消息后,马上跑到报馆，劝说青年人不收这笔钱。但青年们振振有词，说收钱之后，王金发是股东，股东不好，自然还要骂。

鲁迅知道在这样的形势下无可作为，只有沉默。他给外地的同学写信，托他们找工作。一位同学给他介绍了印书馆编译的差事，他应考了。正在等待结果的时候，老朋友许寿裳写信告诉他说，经向南京临时政府教育总长蔡元培推荐，聘请他到教育部工作。

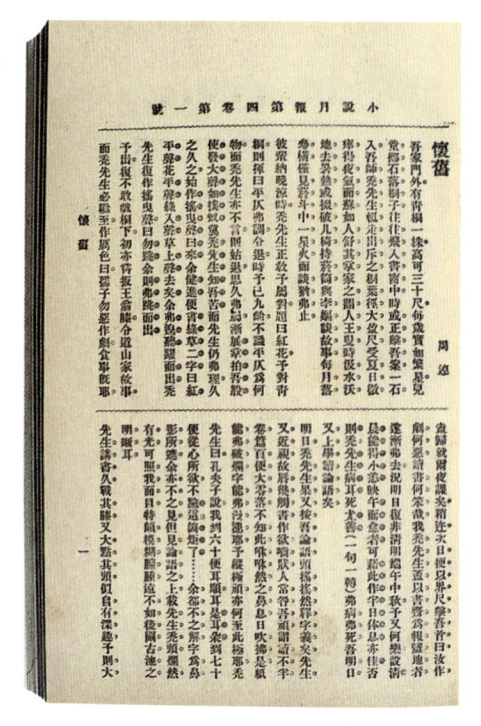

《怀旧》发表在《小说月报》第四卷第一号

鲁迅到南京教育部工作之前，即在1911年冬天，写了一篇文言小说，两年后由二弟作人加上《怀旧》的题目，投寄给《小说月报》，发表在该刊第四卷第一号上。

《怀旧》以辛亥革命前夜的社会为背景，通过革命到来之际地方劣绅金耀宗、冬烘腐儒秃先生、普通劳动者、学童等人物的言行，刻画了不同社会地位的人对"革命"的态度，文笔简练，叙述生动：

> 予大喜，跃出桐树下，虽夏日炙吾头，亦弗恤，意桐下为我领地，独此一时矣。少顷，见秃先生急去，挟衣一大缚。先生往日，惟遇令节或年暮一归，归必持《八铭塾钞》数卷；今则全帙俨然在案，但携破筐中衣履去耳。予窥道上，人多

于蚁阵,而人人悉函惧意,惘然而行。手多有挟持,或徒其手,王翁语予,盖图逃难者耳。中多何墟人,来奔芜市;而芜市居民,则争走何墟。王翁自云前经患难,止吾家勿仓皇。李媪亦至金氏问讯,云仆犹弗归,独见众如夫人,方检脂粉芗泽纨扇罗衣之属,纳行箧中。此富家姨太太,似视逃难亦如春游,不可废口红眉黛者。

小说还特别善于运用对话,几个来回便把人物的性格、人物之间的关系表现出来。从这篇试作中,可见后来《阿Q正传》《风波》笔法的端倪。

《小说月报》主编恽铁樵对这篇小说大为赞赏,在附言中说:"实处可致力,空处不能致力,然初步不误,灵机人所固有,非难事也。曾见青年才解握管,便讲词章,卒致满纸饾饤,无有是处,亟宜以此等文字药之。"

在小说创作方面,鲁迅一出手就显出非凡的才能。

部　员

1912年2月下旬，鲁迅来到南京，成为中华民国临时政府教育部职员。

教育总长蔡元培是光复会创始人、革命元老。临时政府成立后，即开始南北谈判，政府是留南，还是迁北，尚不确定。蔡元培是南方谈判代表、迎袁专使，任务艰巨，事务繁忙。草创期的教育部并无多少事情可做。

鲁迅看到："南京政府一成立，漂亮的士绅和商人看见似乎革命党的人，便亲密地说道：'我们本来都是草字头，一路的呵'。"但总体上说，社会气氛是好的。鲁迅后来在给许广平的信里写道："说起民元的事，那时确是光明得多，当时我在南京教育部，觉得中国将来很有希望。自然，那时恶劣分子固然也有的，然而他总失败。"

让他高兴的是，他和好友许寿裳重聚了。他们白天一起办公，晚上谈天说地，给寂寞的日子加添了活气和情趣。鲁迅利用业余时间到江南图书馆查阅资料，继续他在绍兴时的古书抄录、校勘工作。

4月份，新政府决定北迁。鲁迅在回绍兴省亲后，于5月初到达北京，住在宣武门外南半截胡同绍兴县馆。当天晚上，他躺到床上还不到半小时，就觉得浑身不舒服，爬起来一看，床上竟有三四十只臭虫。他只好在桌子上睡了一夜。

机关里事情不多。有一天，他的日记这么写道："晨九时至下午四时半至教育部视事，枯坐终日，极无聊赖。"他担任社会教育司第一科科长，主管图书馆、博物馆、文艺等事务。在职期间，他参与改建京师图书馆（今国家图书馆前身）、筹建历史博物馆（今国家博物馆前身）和通俗图书馆，考察公园建设，筹备儿童艺术博览会，筹办文物出国展览等等，做了不少开拓性的工作。

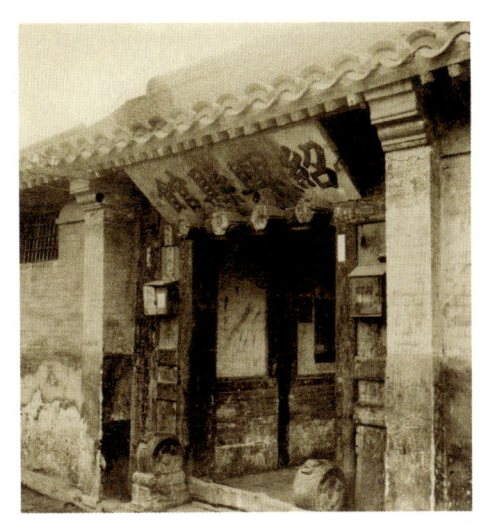

北京宣武门外南半截胡同绍兴县馆，鲁迅1912~1919年在此居住

业余时间，他看书，抄书，买书。买来的书如有残缺，他就设法补抄。

袁世凯政府倒行逆施，北京的政治气候十分压抑。为了排遣郁闷，鲁迅让自己"沉入古代"，辑录和校勘古书。半年多时间里，他先后辑录了《谢承后汉书》八卷，虞世南《史论》《虞世南诗》等，还从《沈下贤集》中抄录了《湘中怨辞》《秦梦记》等传奇故事，并继续纂辑《唐宋传奇集》，校勘《嵇康集》，辑录虞预的《晋书》，补写《石屏集》等等。

从1914年4月起，鲁迅大量购读佛经，如《三教平心论》《释迦如来应化事迹》《华严经决疑论》《大乘法界无差别论疏》《金刚经心经略疏》《大乘起信论梁津》《瑜珈师地论》《阅藏知津》《唐高僧传》《阿育王经》等佛教经典，并抄录《法显传》《出三藏记集》等。

为庆祝母亲六十寿辰，鲁迅用多种版本校对《百喻经》，捐资六十元给南京金陵刻经处，刻印一百部分赠亲朋好友。《百喻经》是印度僧人伽斯那所撰，南朝萧齐时印度来华僧人求那毗地译成汉文。该经为印度大乘佛教典籍，由98则譬喻故事组成。后来王品青将此书标点，铅字排印，恢复梵文原名《痴华鬘》。鲁迅做题记，对其文学性大加赞赏：

> 尝闻天竺寓言之富，如大林深泉，他国艺文，往往蒙其影响。即翻为华言之佛经中，亦随在可见，明徐元太辑《喻林》，颇加搜录，然卷帙繁重，不易得之。佛藏中经，以譬喻为名者，亦可五六种，惟《百喻经》最有条贯。……王君品青爱其设喻之妙，因除去教诫，独留寓言；又缘经末有"尊者僧伽斯那造作《痴华鬘》竟"语，即据以回复原名，仍印为两卷。

鲁迅集中精力读了佛经之后，兴奋地对许寿裳说："释迦牟尼真

鲁迅购读的部分佛经

是大哲，我平常对人生有许多难以解决的问题，而他居然大部分早已明白了，真是大哲！"

教育总长蔡元培提倡美育，发表了《对于教育方针之意见》，认为要"循思想自由言论自由之公例"，不可不施行美感教育，他甚至还提出"美育代宗教"的主张。蔡元培很欣赏鲁迅的美术才能，后来还请鲁迅为北京大学设计了校徽。鲁迅对实行美术教育极为赞成，坚决支持。他承担了教育部夏期美术讲习会中《美术略论》的课程。一开始，听者有三十余人，但第三次讲演时，却几乎没有一个听众了。看来，在政局不稳的社会里，这种谋长远的教育思想，是难以实施的。蔡元培被迫辞去总长职务后，北洋政府召开临时教育会议，将"美育"从"教育宗旨"中删除。鲁迅非常气愤，在日记上骂道："闻临时教育会议竟删美育。此种豚犬，可怜可怜！"

鲁迅经常到琉璃厂搜集造像、画像、墓志、壁画、金石、瓦当。在绍兴的二弟，也帮助他搜集，源源不断地邮购。

因为绍兴会馆的藤花馆过于嘈杂，1916年6月，鲁迅搬进了同馆的补树书屋。这院子里有一株古槐树，相传曾缢死过一个女人，因此很久没有人敢来居住，鲁迅倒乐得安静。

有一天，绍兴友人来信，报告了范爱农的死讯。鲁迅很难过。他到北京之后，还接到过范爱农的信，也曾想在北京为老朋友找个工作，但一直没有机会。鲁迅离开绍兴后，范爱农失业，寄居在一位熟人家中，过着孤寂贫寒的生活。

人们说范爱农是失足落水而死的，但鲁迅怀疑他是自杀。在一个风雨交加的夜晚，鲁迅悲愤地写下《哀范君三章》：

　　风雨飘摇日，余怀范爱农。华颠萎寥落，白眼看鸡虫。世味秋荼苦，人间直道穷。奈何三月别，遽尔失畸躬！

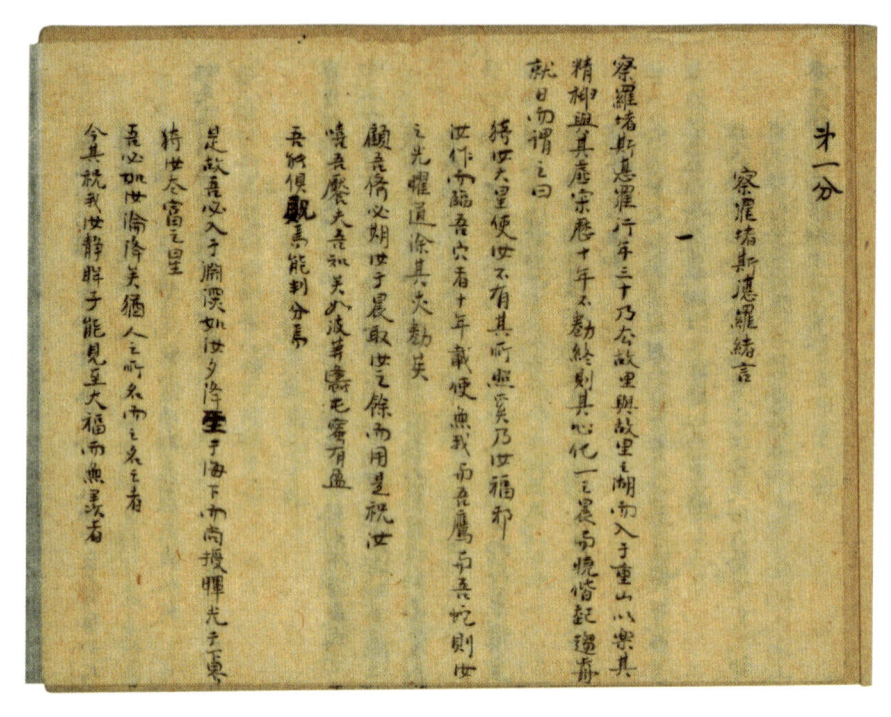

1918年，以文言翻译尼采《查拉图斯特拉如是说》序言手稿

  海草国门碧，多年老异乡。狐狸方去穴，桃偶尽登场。故里彤云恶，炎天凛夜长。独沉清洌水，能否洗愁肠？

  把酒论当世，先生小酒人。大圜犹酩酊，微醉自沉沦。此别成终古，从兹绝绪言。故人云散尽，我亦等轻尘！

  在沉入中国古代典籍的同时，鲁迅并没有断绝同外国文化的联系。他购买了《露国思想及文学》《波兰说苑》《陀氏小说》《高木氏童话》《古普林小说选》《德文学精神》等外国文学书籍，并着手翻译了尼采名著《苏鲁支语录》（《查拉图斯特拉如是说》），虽然因为种种原因，只译了序言，又是用文言，影响不大，但显示他内心蕴藏着青年时代的壮怀。

第五章 呐喊

《阿Q正传》是鲁迅最著名的作品，也是中国现代文学史上被评论得最多的一部小说，它被翻译成许多种文字出版。阿Q的形象向读者描画出我们"沉默的国人的魂灵"，就是要唤醒昏睡的大众，以此来促使人们反省自身，扫除愚昧的麻木。

《新青年》

1915年9月15日，陈独秀主编的《青年》杂志创刊，1916年9月1日杂志改名为《新青年》，由上海移到北京。10月1日，胡适在《新青年》发表了《与陈独秀书》，后来又对其中的观点加以发挥，撰成《文学改良刍议》一文，提出八项主张，即"一须言之有物。二不摹仿古人。三须讲求文法。四不作无病之呻吟。五务去烂调套语。六不用典。七不讲对仗。八不避俗字俗语"。陈独秀在1917年2月的《新青年》上发表了《文学革命论》，提出三大主义，即"推倒雕琢的阿谀的贵族文学，建设平易的抒情的国民文学"；"推倒陈腐的铺张的古典文学，建设新鲜的立诚的写实文学"；"推倒迂晦的艰涩的山林文学，建设明了的通俗的社会文学"。

鲁迅一直关注《新青年》杂志，1917年3月，他还给在家乡的二弟作人寄去了十期。而同年底，作人也来到"首善之区"。

时任北京大学校长的蔡元培决心改革这所官气极重的学府，因之广延人才，将陈独秀、胡适、周作人等请去当教授。鲁迅后来也被聘为兼职讲师。《新青年》杂志迁到北京，成为北京大学教授们的同仁杂志。

《新青年》同仁中有鲁迅在东京的老同学钱玄同，常到绍兴会馆与两兄弟谈天。他劝鲁迅不要抄古碑而为《新青年》写稿。这情景后来被鲁迅写在《呐喊·自序》里：

我想，他们许是感到寂寞了，但是说："假如一间铁屋子,是绝无窗户而万难破毁的,里面有许多熟睡的人们,不久都要闷死了,然而是从昏睡入死灭,并不感到就死的悲哀。现在你嚷起来,惊起了较为清醒的几个人,使这不幸的少数者来受无可挽回的苦楚,你倒以为对得起他们么?"

"然而几个人既然起来,你不能说绝没有毁坏这铁屋的希望。"

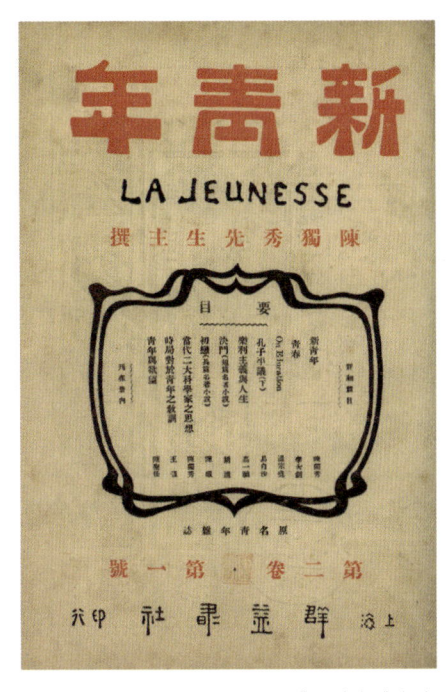

《新青年》杂志

是的;我虽然自有我的确信,然而说到希望,却是不能抹杀的,因为希望是在于将来,决不能以我之必无的证明,来折服了他之所谓可有,……

于是,鲁迅发表了自己的第一篇白话小说《狂人日记》。中国历史上有"食肉寝皮""割股疗亲"等史实,现实中也有"炒食心肝""人血馒头"等新闻,鲁迅从中悟到,原来中国传统的礼教文明掩盖了人吃人的事实,也模糊了每个人都"帮同吃人"的罪责。"狂人"半夜睡不着,起来翻书的情节,虽非血淋淋的场面,却让人读了毛骨悚然:

我翻开历史一查,这历史没有年代,歪歪斜斜的每页上都写着"仁义道德"几个字,我横竖睡不着,仔细看了半夜,才从字缝里看出字来，满本都写着两个字是"吃人"！

小说有强烈的进化论思想，说明鲁迅对中国社会的进步怀着深切的期待。狂人有这样一段"语重心长"的话：

大清早，去寻我大哥；他立在堂门外看天，我便走到他背后，拦住门，格外沉静，格外和气的对他说，"大哥，我有话告诉你。""你说就是，"他赶紧回过脸来，点点头。"我只有几句话，可是说不出来。大哥，大约当初野蛮的人，都吃过一点人。后来因为心思不同，有的不吃人了，一味要好，便变了人，变了真的人。有的却还吃，——也同虫子一样，有的变了鱼鸟猴子，一直变到人。有的不要好，至今还是虫子。这吃人的人比不吃人的人，何等惭愧。怕比虫子的惭愧猴子，还差得很远很远。"

鲁迅后来说，他写小说，仰仗的是看过的百来篇外国小说。在日本，他翻译过东欧和俄国的小说，在教育部担任通俗教育会小说股主任期间，他负责审查出版物中的小说，包括翻译成中文的外国小说。外国小说中，俄国作家果戈理的《狂人日记》给他很深的印象，他在日本期

《狂人日记》发表在《新青年》第四卷第五号上

间特意把这篇小说的日译本从杂志上剪下来，粘贴到自己的报刊夹中珍藏。《狂人日记》就采用了果戈理的创作手法，甚至篇名也取用过来。

但鲁迅有自己的创新。他有自己的生活储备，他的思想来源是多方面的。现实中，他身边就有人患有狂人似的精神疾病，而中国历史上更为他提供很多"吃人"的例证。正如作品中写的，"易牙蒸了他儿子，给桀纣吃，还是一直从前的事。谁晓得从盘古开辟天地以后，一直吃到易牙的儿子；从易牙的儿子，一直吃到徐锡林；从徐锡林，又一直吃到狼子村捉住的人。去年城里杀了犯人，还有一个生痨病的人，用馒头蘸血舐"。后一句说的"人血馒头"，随后演绎成另一篇小说《药》。

在外江西地工作的许寿裳看到《新青年》杂志，觉得这个叫鲁迅的人的文风，很像自己的老同学周树人，有些情节是他们从前经常一起讨论的话题。他立即写信询问。鲁迅回信说明真实情况，并解说创作意图道：

> 《狂人日记》实为拙作，又有白话诗署"唐俟"者，亦仆所为。前曾言中国根柢全在道教，此说近颇广行。以此读史，有多种问题可以迎刃而解。后以偶阅《通鉴》，乃悟中国人尚是食人民族，因成此篇。此种发现，关系亦甚大，而知者尚寥寥也。

虽然鲁迅创作第一篇白话小说借鉴了俄国作家的形式和德国作家的思想观念，但他有自己独特的发现，这发现来自他对中国文化的深刻反思。十年以后，他自己在总结新文学小说创作时评价道："后起的《狂人日记》意在暴露家族制度和礼教的弊害，却比果戈理的忧愤深广，也不如尼采的超人的渺茫。"是显示了"新文学的实绩"。

第一本小说集《呐喊》封面

这篇小说第一次用了"鲁迅"这个笔名。《新青年》杂志有一个规定,不允许作者用别号之类的名字。鲁迅取这个笔名,用意有三:一、他的母亲姓鲁,二、周鲁是同姓之国,三、取愚鲁而迅速之意。

从此,鲁迅"一发而不可收",连续在《新青年》发表创作小说。《孔乙己》《白光》表现科举制度的害人和人世间的冷漠,《药》揭示民众的愚昧,《风波》描绘旧乡绅的丑恶嘴脸和农民与革命运动的隔膜……

但鲁迅也知道,文学革命的领导者,思想启蒙者对中国社会怀着改造的希望。所以他在作品中没有将社会描写得完全黑暗,无可措手。他说:"既然是呐喊,则当然须听将令的了,所以我往往不恤用了曲笔,在《药》的瑜儿的坟上平空添了一个花环,在《明天》里也不叙单四嫂子竟没有做到看见儿子的梦,因为那时的主将是不主张消极的。"也就是他后来说的"删削些黑暗,装点些欢容,使作品比较的显出若干亮色。"在《狂人日记》篇终,鲁迅呼吁人们创造新型的、没有吃人的人存在的社会,寄希望于下一代,发出"救救孩子"的呐喊,也算是一条光明的尾巴。

这里说的"主将",陈独秀是最重要的一个。《新青年》一向缺少创作,陈独秀常为此伤脑筋。他看了鲁迅的小说,大为欣赏,说自己"五体投地"地佩服,一再催促鲁迅多做。鲁迅发表了若干篇后,陈独秀又建议鲁迅结集出版。

于是有了鲁迅的第一本小说集《呐喊》。

鲁迅的小说、杂文陆续发表,引起社会关注,被誉为新文学的杰作。读者的反应是热烈的。在几年后《晨报》所策划的"青年必读书"征文中,《呐喊》同《论语》《孟子》等古代经典并列。

《狂人日记》《故乡》《孔乙己》等作品发表后不久被选进国文教科书。直到今天,鲁迅有十多篇作品收入中学语文教科书,是中国现代作家中入选篇数最多的。

《阿Q正传》

鲁迅的小说，格式新颖，技巧圆熟，描写逼真，且颇具幽默感。他用类似中国古代绘画艺术中白描手法，三言两语使人物情态毕现。这些人物身上凝聚了中国文化传统，作品字里行间映现着中国文化元素。可以说，《阿Q正传》中的每个人物都是中华民族性格某一部分的结晶，我们从他们的言行中可以找到历史的渊源和现实的影响。因此，这部篇幅不长的小说被公认为鲁迅的代表作。

《阿Q正传》是1921冬开始写作的，但如鲁迅说，阿Q这个形象在他心目中酝酿已经很久了。他的意图是通过一个贫苦的农民在日常生活以及在革命浪潮中的表现，揭示中国国民性。

小说在《晨报副刊》上连载。第一部分是序言，读起来并不像小说。编辑孙伏园是他的学生，原来是把《阿Q正传》安排在"开心话"一栏的。到第二期，觉得这文章并非滑稽文字，就把它移到"新文艺"栏去了。

阿Q没有住处，更没有土地，靠给人家打短工过活，甚至连自己姓什么也不知道——这种人哪

1925年为《阿Q正传》俄文译本所摄

第五章 呐喊

《阿Q正传》第六章手稿一页

里配得上有姓呢？人们瞧不起他，总来欺侮他。

阿Q是一个游民，身上沾染上游手好闲之徒的狡猾习性。他喜欢赌博、骂人和斗殴，遇到比自己弱小的人也忍不住要去戏弄和欺侮。

阿Q最得意的东西就是他的"精神"，他赖以生存的是"无往而不胜"的"精神胜利法"。鲁迅连用两章"优胜记略"写他的这个法宝。阿Q最爱夸耀过去——他的和他的家族的历史："我们先前——比你阔得多啦，你算是什么东西！"这话往往是在失败时说的，这么说出来，算是为他自己的无能和卑贱找到一点儿自尊和自慰。

阿Q虽然不识字，没有读过圣贤书，但他脑子里却有不少传统观念，那是传统文化潜移默化的结果。例如对待女人，他在很想得到而不能如愿的时候，就气急败坏地想起那套"女人是祸水"的

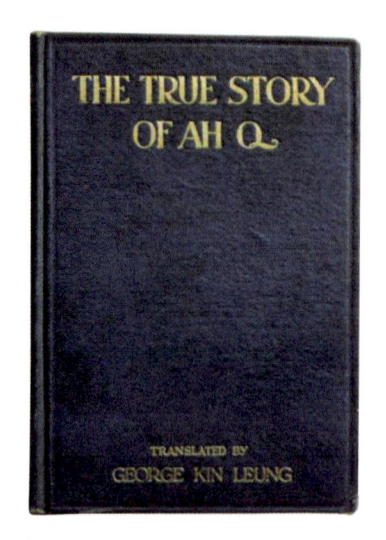

《阿Q正传》英文译本

《阿Q正传》日文译本

"道理",并且对街面上男女同行等"伤风败俗"的行为恨之入骨,必欲惩罚之而后快。他的盲目求婚的举动,别人看起来很可笑,但在他看来却是很"合乎圣贤经传"的,因为:"不孝有三,无后为大"!

小说最后三章,鲁迅描写了阿Q在革命中的表现及其悲惨命运。阿Q一开始不知道"革命"是怎么一回事,后来看到城里的阔人家害怕革命,慌乱地把财产往乡下转移,便觉得革命既然对阔人不好,对自己就一定有利。于是,他向往起革命来了。

阿Q躺在土谷祠里对革命将给自己带来的福利做种种幻想,是小说的精彩片段之一。这首狂想曲,奏响着中国历史上无数次"革命"的主旋律 —— 革命成功后子女玉帛、作威作福。阿Q翻身得解放后,以前欺侮过他的或者他看不顺眼的人都要遭殃:小D —— 那个跟他打过架、对他不够恭敬的家伙 —— 被罚将阔人家的家具之类搬到他的土谷祠里,"要搬得快,搬得不快打嘴巴"。

然而，阔人比他巧滑，比他行动迅速。看到革命党势力大，阔人们摇身一变，"咸与革命"了。阿Q做完了美梦，赶去参加革命时，得知已经"革"过，"革命者"对于他的态度是"不准革命"！为了整顿治安，维护秩序，新政府就把阿Q当作抢劫犯枪毙了。

《阿Q正传》准确地捕捉到中国国民性的本质，达到了鲁迅设定的"描画出中国国民的魂灵"的目的。鲁迅往往用三言两语就活画出人物的形态，并善于塑造典型形象，将许多人的特点巧妙地集中在一个人身上。有一个故事生动地说明了这篇作品的成功及其产生的影响。1926年8月21日出版的《现代评论》第四卷第八十九期上，刊登了涵庐（高一涵）的《闲话》，其中说：

> 我记得当《阿Q正传》一段一段陆续发表的时候，有许多人都栗栗危惧，恐怕以后要骂到他的头上。并且有一位朋友，当我面说，昨日《阿Q正传》上某一段仿佛就是骂他自己。因此便猜疑《阿Q正传》是某人作的，何以呢？因为只有某人知道他这一段私事。……从此疑神疑鬼，凡是《阿Q正传》中所骂的，都以为就是他的隐私；凡是与登载《阿Q正传》的报纸有关系的投稿人，都不免做了他所认为《阿Q正传》的作者的嫌疑犯了！等到他打听出来《阿Q正传》的作者名姓的时候，他才知道他和作者素不相识，因此，才恍然自悟，又逢人声明说不是骂他。

鲁迅在《〈阿Q正传〉的成因》一文里也说，直到《阿Q正传》收入《呐喊》里，仍有人在问他，这小说到底是骂谁的。鲁迅感到悲哀。用小说进行人身攻击，他本是非常蔑视的。他说，自己写小说，所用人物模特儿，往往嘴在浙江，脸在北京，衣服在山西，是一个拼凑起来的角色。《阿Q正传》运用的就是这样一种典型化的创作方法。

　　作品发表后不久，就被译成多种文字。中国留法学生敬隐渔把它译成法文，寄给罗曼罗兰请教。罗曼罗兰把译文介绍给巴黎《欧罗巴》杂志。小说在该刊 1926 年 5 月和 6 月出版的第 41、42 期上登载。罗曼罗兰的遗物中还保存着他写给《欧罗巴》月刊编者巴查尔什特的荐稿信，信中谈了他对这部小说的看法：

　　　　这是乡村中的一个穷极无聊的家伙的故事。这个人一半是流浪汉，困苦潦倒，被人瞧不起，而且他确实也有被人瞧不起的地方，可是他却自得其乐，并且十分自豪（因为一个人既然扎根于生活之中，就不得不有点值得自豪的理由！）最后，他被枪毙了，在革命时期被枪毙，不知道为什么。使他郁郁不乐的却只有一件事，那就是当人们叫他在供词下边画一个圆圈时（因为他不会写自己的名字），他的圈圈画不圆。这篇故事的现实主义乍一看好似平淡无奇。可是，接着你就发现其中含有辛辣的幽默。读完之后，你会很惊异地觉察，这个可悲可笑的家伙再也离不开你，你已经对他依依不舍了。

　　俄国人王希礼（B.A.Vassiliev）这样评论《阿Q正传》："鲁迅是反映中国大众的灵魂的作家，其幽默的风格，使人流泪，故鲁迅不独为中国的作家，同时亦为世界的一员。"

　　几年间，《阿Q正传》陆续有了英、俄、日等语种的译本。

　　对于中国人而言，这部作品是让人难受的，是刺激的，甚至是震撼的。作品里的很多名词已经进入辞典。发表近百年来，随着时代的演进，又改编成话剧、电影等多种形式。

"偏激"

鲁迅是一个深刻的思想者。他的思想有两个特点，一是切近现实，一是偏激。文学家也应该是思想者，好作品的标志之一，是以深刻的思想观察和解剖现实。

而且，文学家、思想者要有勇气，有时不免偏激。偏激需要激情，甚至需要良心。鲁迅写了《论睁了眼看》，就是在呼唤实事求是的态度和敢于直面现实的勇气：

> 中国人向来因为不敢正视人生，只好瞒和骗，由此也生出瞒和骗的文艺来，由这文艺，更令中国人更深地陷入瞒和骗的大泽中，甚而至于已经自己不觉得。世界日日改变，我们的作家取下假面，真诚地，深入地，大胆地看取人生并且写出他的血和肉来的时候早到了；早就应该有一片崭新的文场，早就应该有几个凶猛的闯将！

在社会转型、专制松弛的时代，人们的思想容易趋向革命的、激进的。对社会的不满和对改革的殷切期盼，使鲁迅的揭露深刻，论述透辟，批判有力。

鲁迅把中国历史划分为两种时代：一种是人民做奴隶而不得的时代，另一种是人民做稳了奴隶的时代。所谓一治一乱，循环往复。乱，固然百姓苦；治，百姓却仍然苦，因为老百姓无法摆脱奴隶身份，始终生活在恐惧中。

他呼唤中国能创造出第三种时代 —— 没有奴役，没有压迫，没有人吃人现象的时代。

中国虽然号称"民国",但实际上仍是暴君统治,更可怕的是所谓群众的思想,与暴君一样残酷:

暴君治下的臣民,大抵比暴君更暴;暴君的暴政,时常还不能餍足暴君治下的臣民的欲望。

……

暴君的臣民,只愿暴政暴在他人的头上,他却看着高兴,拿"残酷"做娱乐,拿"他人的苦"做赏玩,做慰安。

自己的本领只是"幸免"。

从"幸免"里又选出牺牲,供给暴君治下的臣民的渴血的欲望,但谁也不明白。死的说"阿呀",活的高兴着。

启蒙是他的使命,但是启蒙事业是艰难的,需要忍受孤独寂寞。在文学革命、思想革命进行了多年以后的1925年,鲁迅写道:"现在的办法,首先还得用那几年以前《新青年》上已经说过的'思想革命'……而且还是准备'思想革命'的战士,和目下的社会无关。待到战士养成了,于是再决胜负。"他对启蒙的效果总体上是失望的:"现在没奈何,也只好从智识阶级——其实中国并没有俄国之所谓智识阶级,此事说起来话太长,姑且从众这样说——一面先行设法,民众俟将来再谈。"先觉者和引领者,常

鲁迅论文集《坟》)封面

常不得不是寂寞的彷徨者。

对现实改造的急切心情，使他的立论有时呈现出激烈乃至偏颇的倾向。多年后，他回忆旧事，说这是那时的一种策略：

> 在中国，刚刚提起文学革新，就有反动了。不过白话文却渐渐风行起来，不大受阻碍。这是怎么一回事呢？就因为当时又有钱玄同先生提倡废止汉字，用罗马字母来替代。这本也不过是一种文字革新，很平常的，但被不喜欢改革的中国人听见，就大不得了了，于是便放过了比较的平和的文学革命，而竭力来骂钱玄同。白话乘了这一个机会，居然减去了许多敌人，反而没有阻碍，能够流行了。中国人的性情是总喜欢调和，折中的。譬如你说，这屋子太暗，须在这里开一个窗，大家一定不允许的。但如果你主张拆掉屋顶，他们就会来调和，愿意开窗了。没有更激烈的主张，他们总连平和的改革也不肯行。那时白话文之得以通行，就因为有废掉中国字而用罗马字母的议论的缘故。

鲁迅也曾持"废止汉字"一类的观点，其激烈程度，比钱玄同有过之无不及。1925年，《京报副刊》向文化界人士征求青年必读书书目。鲁迅的回答是："从来没有留心过，所以现在说不出。"他还在后面附了一段很决绝的话，引起轩然大波：

> 但我要趁这机会，略说自己的经验，以供若干读者的参考——
>
> 我看中国书时，总觉得就沉静下去，与实人生离开；读外国书——但除了印度——时，往往就与人生接触，想做点事。
>
> 中国书虽有劝人入世的话，也多是僵尸的乐观；外国书

即使是颓唐和厌世的，但却是活人的颓唐和厌世。

我以为要少——或者竟不——看中国书，多看外国书。少看中国书，其结果不过不能作文而已。但现在的青年最要紧的是"行"，不是"言"。只要是活人，不能作文算什么大不了的事。

鲁迅因此遭到很多人攻击。他解释说，劝青年人不读或者少读中国书，是过来人的经验之谈，绝不是矫情和故作惊人语。他写道：

知道对于我那"青年必读书"的答案曾有一位学者向学生发议论，以为我"读得中国书非常的多……。如今偏不让人家读，……这是什么意思呢！"我读确是读过一点中国书，但没有"非常的多"；也并不"偏不让人家读"。有谁要读，当然随便。只是倘若问我的意见，就是：要少——或者竟不——看中国书，多看外国书。这是这么一个意思——我向来是不喝酒的，数年之前，带些自暴自弃的气味地喝起酒来了，当时倒也觉得有点舒服。先是小喝，继而大喝，可是酒量愈增，食量就减下去了，我知道酒精已经害了肠胃。现在有时戒除，有时也还喝，正如还要翻翻中国书一样。但是和青年谈起饮食来，我总说：你不要喝酒。听的人虽然知道我曾经纵酒，而都明白我的意思。我即使自己出的是天然痘，决不因此反对牛痘；即使开了棺材铺，也不来讴歌瘟疫的。

的确，鲁迅一直在读中国书，而且读得很好。他做学问也很扎实，像编撰《中国小说史略》，校勘《嵇康集》这样的工作，没有读过很多中国书的人，是断然不敢措手的。

现实中的鲁迅，就没有这么偏激，也不是一概而论。针对特别的情况，特别的人，他会给出合乎情理的意见。例如，老朋友的儿子学习中国文学专业，请他提点建议，他就老老实实、认认真真地开了个书单。对浩瀚的中国典籍，他不是一味赞叹，而是提醒后辈注意取舍：

计有功宋人《唐诗纪事》四部丛刊本又有单行本

辛文房元人《唐才子传》今有木活字单行本

严可均《全上古……隋文》今有石印本，其中零碎不全之文甚多，可不看。

丁福保《全上古……隋诗》排印本

吴荣光《历代名人年谱》可知名人一生中之社会大事，因其书为表格之式也。可惜的是作者所认为历史上的大事者，未必真是"大事"，最好是参考日本三省堂出版之《模范最新世界年表》。

胡应麟明人《少室山房笔丛》广雅书局本亦有石印本

《四库全书简明目录》其实是现有的较好的书籍之批评，但须注意其批评是"钦定"的。

《世说新语》刘义庆晋人清谈之状

《唐摭言》五代王定保《雅雨堂丛书》中有唐文人取科名之状态

鲁迅校勘《嵇康集》稿本

《抱朴子外篇》葛洪有单行本内论及晋末社会状态
《论衡》王充内可见汉末之风俗迷信等
《今世说》王晫明末清初之名士习气。

鲁迅"不读中国书"的偏激之论有其合理的一面，值得我们深思。20世纪20年代中叶，鲁迅成为知名的文学家，言论领袖，深受青年们推崇，有人称他是"青年导师"，有人封他为"思想界权威"。

第六章　离合

作为长子来讲,他就像父亲一样掌管着这个家,有很高的责任感,因此这种责任感也放大到社会上,在社会上他也是时刻想着中国,想着中国的革命,中国人的解放,这应该是纠缠着鲁迅一生的一个观念。

"伤逝"

1919年,鲁迅和二弟作人购买了北京西直门内八道湾胡同十一号住宅,回乡卖掉了老屋,把母亲和三弟一家接到北京。作为长子,鲁迅在这个过程中奔走交涉,倾注了极大心血。他们决定买这所房子,是"取其空地很宽大,宜于儿童游玩"。鲁迅自己并无子嗣,这样做是为两个弟弟的孩子考虑。

八道湾十一号里住了十几口人。作人和建人的妻子都是日本人,而且是亲姊妹俩。家政由作人的妻子羽太信子掌管,鲁迅每次领到薪水,就将大部分交给她,有时,还要拿出一部分寄往东京,接济羽太的娘家。

大家庭其乐融融,但也有不方便的地方。1921年周建人因生计问题离开北京,在上海商务印书馆找到一份差事。1923年7月14日,可能是鲁迅和作人妻子羽太信子闹了矛盾,鲁迅在日记里写道:"是夜始改在自室吃饭,自具一肴,此可记也。"几天之后,周作人亲自到前院,给鲁迅送来一封绝交信:

鲁迅先生:

北京八道湾胡同 十一号周宅院内

> 我昨日才知道，——但过去的事情不必再说了。我不是基督徒，却幸而尚能担受得起，也不想责谁，——大家都是可怜的人间，我以前的蔷薇的梦原来都是虚幻，现在所见的或者才是真的人生。我想订正我的思想，重新入新的生活。以后请不要再到后边院子里来，没有别的话。愿你安心，自重。
>
> 7月18日，作人。

两人究竟为什么闹到这种地步，连鲁迅的母亲也不知原委，她对一位当时借住在家里的熟人说："大先生和二先生忽然闹起来了，也不知道是什么事情，头天还好好的，弟兄二人把书抱进抱出地商量写文章……"

有人推测，可能是因为羽太信子管家不善，招致鲁迅的批评，遂怀恨在心，对鲁迅施以诬陷，导致了兄弟不和。

羽太信子是日本东京一个染房工匠的女儿，由于小时候家境贫寒，没读过多少书。她在东京的"中越馆"当女佣的时候结识了周作人，相爱并结为夫妻。据鲁迅的三弟建人介绍，羽太信子到北京当了教授夫人、周家主妇后，气派极阔，架子很大。家中有管家、差役、烧饭司务、车夫和专管打杂采购的男仆人。在周家前后做了二十多年佣人的王鹤照介绍说："回想起我和鲁迅先生、鲁老太太在绍兴居住时，周作人夫妇没有回绍兴以前，我们一家每天小菜一、二角就够了，他们二人一回来，就不得了，小菜要一块洋钿一天了。鲁迅先生对鲁老太太说：'二弟妇从日本刚到中国，不习惯，要好好待她，小菜也要好些！'过不了多少天，作人也到仓头桥的府中学堂去教书了，听说是教英文。"这位仆人还说："周作人的老婆，人交关难弄，动不动就脸皮不要，困在地上装死装活。刚回来的时候，作人老婆，还时常教我日本话，后来不知什么缘故不教了。随后才听说，是作人叫日本老婆不要教的，恐怕我学会了日本话后，听懂他们的私房话。"

周作人绝情到了不愿再看见鲁迅的地步，而且不容哥哥分辩，在外人看来，如果不是他的日本妻子从中挑拨，是无论如何不会闹到这种地步的。许寿裳就说：

> 作人的妻羽太信子是有歇斯台里性的。她对于鲁迅，外貌恭顺，内怀忮忌。作人则心地糊涂，轻信妇人之言，不加体察。我虽竭力解释开导，竟无效果。致鲁迅不得已移居外客厅而他总不觉悟；鲁迅遣工役传言来谈，他又不出来；于是鲁迅又搬出而至砖塔胡同了。从此两人不和，成为参商，一变从前"兄弟怡怡"的情态。

许广平的回忆录里，谈到鲁迅晚年关于兄弟失和跟她说过的话：

> 鲁迅曾经感叹过自己的遭遇。他很凄凉地描绘了他的心情，说："我总以为不计较自己，总该家庭和睦了罢，在八道湾的时候，我的薪水，全行交给二太太，连周作人的在内，每月约有六百元，然而大小病都要请日本医生来，过日子又不节约，所以总是不够用，要四处向朋友借。有时借到手连忙持回家，就看见医生的汽车从家里开出来了。"
>
> 鲁迅幽默地说："我用黄包车运来，怎敌得过用汽车带走的呢？"他还说："我幸亏被八道湾赶出来了，生活才能够有点预算，比较不那么发愁了。"

鲁迅在砖塔胡同找到临时住处后，就回八道湾取走存放的物品。他的日记写道：

> 下午往八道湾取书及什器，比进西厢，启孟及其妻突出骂詈殴打，又以电话招重久及张凤举、徐耀辰来，其妻向之

述我罪状，多秽语，凡捏造未圆处，则启孟救正之，然终取书、器而出。

许寿裳记录了第二天鲁迅向他复述的当时的情景和他们之间的对话：

这所小屋（指西三条南屋藏书室）既成以后，他就独自回到八道湾大宅取书籍去了。据说周作人和信子大起恐慌，信子急忙打电话，唤救兵，欲假借外力以抗拒；作人则用一本书远远掷入，鲁迅置之不理，专心检书。一忽儿外宾来了，正欲开口说话，鲁迅从容辞却，说这是家里的事，无烦外宾费心。到者也无话可说，只好退了。

鲁迅有一种被驱逐出境的感觉。他第二年写了一篇文字，署名"宴之敖者"。宴从宀、从日、从女，意为"家里的日本女人"，敖从出、从放，意为"驱逐"，"宴之敖者"意思就是"被家里的日本女人驱逐出来的人"。他的小说《眉间尺》（后更名《铸剑》）中的着黑衣的复仇者也取名宴之敖。

这一年的10月，鲁迅病倒了。这次病得很重，多次去医院，40天后才见好。而第二年春天复发，也拖了很长时间，使他心情极为恶劣。

与自己有共同语言共同爱好，既是兄弟又是朋友更是战友的弟弟离他而去了！在极度痛苦中，鲁迅写下不少意象奇特而措辞隐晦的文章，透露出深刻的孤独和哀伤。

例如，《颓败线的颤动》写一位老妇人为了养育后代，出卖青春和名誉，但最终却换来冷骂和毒笑。她无可告诉，只有流落荒野。她的身体虽然衰败了，将要干枯、腐朽而归于尘土，但她的精神是孤傲的、倔强的。她在失望和绝望中将爱和牺牲，羞辱以至麻木，痉

大同十一年專 已製為硯南款漫漶持來盡刻牛物
應天寺八角殿專 徐以駢先生贈打本
應天佛塔專守筠畫刻文
月江禪師專守筠後刻文
囗氏墳專
十二月壺專
兔首砌專 無年
己未大吉專 盡出吳興馬氏冢為羌益此逸時毀失
澄照硯齋文句
元康元年磚專 已上皆余舊所藏
永昌元年晉安居墓專四種
咸和三年孫仲公專四種
太元九年張鎖專
雜專
青能專之種

晨書較書題中專未願飲恚卷集師拓專寶又坊本而質多萬方悮不易致少年之勤而浮僅青
專三千餘又拓本方許而已遽逝以後悉盡寇劫於身逝一心擁大同十一年者一枚出飯恚至盛僅作日
月陰矣竟典此盡篆逝之事朋爲何期聊集發飯以爲永念哉甲戌六月廿三日宴之敖者手記

挛以至平静，彻底的卑贱与仰不可及的崇高，显示给这个世界。

鲁迅也有被利用后抛弃的感觉，他在给爱人的信中透露过一点这心思："我先前何尝不出于志愿，在生活的路上，将血一滴一滴地滴过去，以饲别人，虽自觉渐渐瘦弱，也以为快活。而现在呢，人们笑我瘦弱了，连饮过我的血的人，也来嘲笑我的瘦弱了。我听得甚至有人说：'他一世过着这样无聊的生活，本早可以死了的，但还要活着，可见他没有出息。'于是也乘我困苦的时候，竭力给我一下闷棍，然而，这是他们在替社会除去无用的废物啊！这实在使我愤怒，怨恨了，有时简直想报复。我并没有略存求得称誉，报答之心，不过以为喝过血的人们，看见没有血喝了就该走散，不要记着我是血的债主，临走时还要打杀我，并且为消灭债券计，放火烧掉我的一间可怜的灰棚。我其实并不以债主自居，也没有债券。他们的这种办法，是太过的。"

然而，旧日恩情难以忘怀。

一个文学巨匠的秘密，就是能把自己独特的人生体验，精美地熔铸于作品。鲁迅将体验到的人世的悲苦，在秋夜的肃杀中，向纸上倾吐心声。

这个时期创作的散文诗集《野草》，诉说希望、失望和绝望的心语，把自己塑造成冰包着火的"火的冰"，忽而又化为彷徨的小卒，旷野的过客，在无物之阵上独行，在长满野草的生着惨白小花的地域的边缘游走，忽而在墓碣前沉吟，又化为死尸却突然坐起，抉心自食；忽而在颓败线颤动，向苍天呼喊；忽而遭到狗的驳诘，在淡淡的血痕中觉醒。

鲁迅善于使用对立意象。这在《野草》中达到了极致。《复仇》这样讲两个相爱的人之间的爱与仇：

鲁迅散文诗集《野草》封面

他们俩裸着全身,捏着利刃,对立于广漠的旷野之上。

他们俩将要拥抱,将要杀戮……。

路人们从四面奔来,密密层层地,如槐蚕爬上墙壁,如马蚁要扛鲞头。衣服都漂亮,手倒空的。然而从四面奔来,而且拼命地伸长颈子,要赏鉴这拥抱或杀戮。他们已经豫觉着事后的自己的舌上的汗或血的鲜味。

然而他们俩对立着,在广漠的旷野之上,裸着全身,捏着利刃,然而也不拥抱,也不杀戮,而且也不见有拥抱或杀戮之意。

不管他们之间的结局如何,有一点是确定的,鲁迅厌恶的是旁观者,麻木的看客。

在《野草》题辞中,他总结了自己已经和正在经历的各种"对立":

我以这一丛野草,在明与暗,生与死,过去与未来之际,献于友与仇,人与兽,爱者与不爱者之前作证。

为我自己,为友与仇,人与兽,爱者与不爱者,我希望这野草的死亡与朽腐,火速到来。要不然,我先就未曾生存,

这实在比死亡与朽腐更其不幸。

只要是对立的，就可能发生碰撞，生出沉落的悲哀或飞扬的大欢喜——否则，生命没有意义。

《野草》是鲁迅的心血凝结，是他的人生哲学的宣示，是他文学天才闪出的耀眼的火花。然而，也是他的文学天才的最后闪烁。他的文学的沃野本应生出乔木，但"生命的泥委弃在地面上，不生乔木，只生野草，这是我的罪过。野草，根本不深，花叶不美，然而吸取露，吸取水，吸取陈死人的血和肉，各各夺取它的生存。当生存时，还是将遭践踏，将遭删刈，直至于死亡而朽腐。"

他曾计划写一部描写唐代李隆基和杨玉环恋爱的长篇小说，因为白居易《长恨歌》"天长地久有时尽，此恨绵绵无绝期"的缠绵悱恻，更因为这爱情真在历史上倾城倾国，题材令人着迷自不待言。郁达夫说："鲁迅想把唐玄宗和杨贵妃的事情来做一篇小说。他的意思是：以玄宗之明，哪里看不破安禄山和她的关系？所以七月七日长生殿上，玄宗只以来生为约，实在心里有点厌了，仿佛是在说：'我和你今生的爱情是已经完了！'到了马嵬坡下，军士们虽说要杀她，玄宗若对她还有爱情，哪里会不能保全她的生命呢？所以这时候，也许是玄宗授意军士们的。后来到了玄宗老日，重想起当日行乐的情形，心里才后悔起来了，所以梧桐秋雨，生出一场大大的神经病来。一位道士就用了催眠术来替他医病，终于使他和贵妃相见，便是小说的收场。"孙伏园回忆说，鲁迅还曾想把《杨贵妃》写成剧本："原计划是三幕，每幕都用一个词牌为名，我还记得它的第三幕是'雨霖铃'。而且据作者的解说，长生殿是为救济情爱逐渐稀淡而不得不有的一个场面。"

可惜，鲁迅这个写作计划并未实现。他这么解释其原因："今年夏天游了一回长安,一个多月之后,胡里胡涂的回来了。知道的朋友便问我:'你以为那边怎样?'我这才栗然地回想长安,记得看见很多的白杨,很大的石榴树,道中喝了不少的黄河水。然而这些又有什么可谈呢?我于是说:'没有什么怎样。'"他后来给日本友人写信也说:"我为写唐朝的小说在五六年前去长安看过。看后意外的是,连天空也不似唐朝的天空,费尽心思想象出的情景也完全被破坏掉,到如今连一个字也写不出来。还不如凭书本想象来写的好。"

理想中的一切,包括爱情,都要在现实中接受检验。这时,鲁迅正在进入恋爱。他写了一篇小说《伤逝》,是他一生唯一一篇描写男女爱情的小说。但一反往常,作品完成后并不发表,直到小说集《彷徨》出版时才拿出来编进去。

他的恋爱对象是小他18岁的许广平。

其实这篇小说中没有多少卿卿我我的场面,恋爱过程也草草结束,笔墨多用在对青年男女同居后生活状态艰难的描述上。可以说,鲁迅在这里延续了对李杨爱情逐渐稀薄的思路,而且,用大量的篇幅写主人公的悔恨和自责。如结尾的涓生的独白:

> 我愿意真有所谓鬼魂,真有所谓地狱,那么,即使在孽风怒吼之中,我也将寻觅子君,当面说出我的悔恨和悲哀,祈求她的饶恕;否则,地狱的毒焰将围绕我,猛烈地烧尽我的悔恨和悲哀。
>
> 我将在孽风和毒焰中拥抱子君,乞她宽容,或者使她快意……
>
> 但是,这却更虚空于新的生路;现在所有的只是初春的夜,竟还是那么长。我活着,我总得向着新的生路跨出去,那第一步,——却不过是写下我的悔恨和悲哀,为子君,为自己。

鲁迅、周作人、爱罗先珂等在北京世界语学会合影

> 我仍然只有唱歌一般的哭声,给子君送葬,葬在遗忘中。
> 我要遗忘;我为自己,并且要不再想到这用了遗忘给子君送葬。
> 我要向着新的生路跨进第一步去,我要将真实深深地藏在心的创伤中,默默地前行,用遗忘和说谎做我的前导……

主人公在向旧的生活告别。小说作者也在向旧生活告别 —— 但他的恋爱还刚刚开始。

不久前与鲁迅失和的周作人看了这篇小说,自以为读出了隐含意义,坚持说作品意在伤悼兄弟的离散,可备一说:

> 《伤逝》不是普通恋爱小说,乃是假借了男女的死亡来哀悼兄弟恩情的断绝的,我这样说,或者世人都要以我为妄吧,但是我有我的感觉,深信这是不大会错的。因为我以不

知为不知,声明自己不懂文学,不敢插嘴来批评,但是对于鲁迅写作这些小说的动机,却是能够懂得。我也痛惜这种断绝,可是有什么办法呢,人总只有人的力量。

无论小说的意图如何,有一点是肯定的:鲁迅需要一个伴侣,一个对话者,需要世俗的快乐,以取代他以前的生活状态。伤悼子君与涓生之间的爱情和痛惜自己与周作人手足之情的断绝,都是题中应有之意,但对他来说,更重要的是要有新生活。

1925年是鲁迅创作的高峰期,也是他人生的转折期。

恋　爱

鲁迅在女子师范大学教授中国小说史,很受欢迎。许广平是很多敬佩他的学生中的一位。

许广平原籍广东番禺,1898年生。她身材比鲁迅高,性格果敢,少女时代反对包办婚姻,离家出走,就读于新式学堂。在学校她担任学生领袖,对社会运动充满热情,在学潮中扮演着重要角色。

1925年3月间,她写信给鲁迅,说:"现在执笔写信给你的,是一个受了你快要两年的教训,是每星期翘盼着希有的,每星期三十多点钟中一点钟小说史听课的,是当你授课时坐在头一排的坐位,每每忘形地直率地凭其相同的刚决的言语,在听讲时好发言的一个小学生。他有许多怀疑而愤懑不平的久蓄于中的话,这时许是按抑不住了罢,所以向先生陈诉。"鲁迅收信当天就回了信,很认真地回答了许广平提出的问题,也谈了自己的处境和思想上的困惑:

> 我其实哪里会"立地成佛",许多烟卷,不过麻醉药,烟雾中也没有见过极乐世界。假使我真有指导青年的本领 —— 无论指导得错不错 —— 我决不藏匿起来,但可惜我连自己也没有指南针,到现在还

北京女子师范大学学生许广平

是乱闯,倘若闯入深坑,自己有自己负责,领着别人又怎么好呢,我之怕上讲台讲空话者就为此。记得有一种小说里攻击牧师,说有一个乡下女人,向牧师历诉困苦的半生,请他救助,牧师听毕答道:"忍着罢,上帝使你在生前受苦,死后定当赐福的。"其实古今的圣贤以及哲人学者所说,何尝能比这高明些,他们之所谓"将来",不就是牧师之所谓"死后"么?我所知道的话就是这样,我不相信,但自己也并无更好解释……我想,苦痛是总与人生联带的,但也有离开的时候,就是当睡熟之际。醒的时候要免去若干苦痛,中国的老法子是"骄傲"与"玩世不恭",我自己觉得我就有这毛病,不大好。苦茶加"糖",其苦之量如故,只是聊胜于无"糖",但这糖就不容易找到,我不知道在那里,只好交白卷了。

与周作人决裂后,鲁迅一时找不到可以谈谈的对手,身体多病,更增加他的寂寞和悲苦。现在一个异性年轻人与他通信和交谈,对他的心灵是一种极好的慰安。他们频繁通信,许广平和一些同学有时到他家里来谈天、吃饭。端午节那天,鲁迅宴请许广平和她的几位同学,席间饮酒过量,竟"以拳击'某籍'小姐两名之拳骨",又"案小鬼[指许广平]之头",高兴至于忘形。

许广平对鲁迅的关心和爱护,鲁迅领会到了,并且很感动。这感情使他渐渐摆脱伤痛的折磨,从幻灭和虚无的深渊中自拔,停止了自戕。他的散文诗《腊叶》,就是"为爱我者的想要保存我而作的"。鲁迅曾对友人解释说:"许公很鼓励我,希望我努力工作,不要松懈,不要怠忽。"许广平后来回忆说:"不过事实的压迫……真使先生痛愤成疾了。不眠不食之外,长时期纵酒。经医生诊看之后,也开不出好药方,要他先禁烟、禁酒。……那时有一位住在他家里的同乡,和

广平兄：

今天收到来信，有些问题恕怕我答不出，姑且寓下去看。

学风如何，我以为和政治状态是从社会情形相关的，倘在山林中，该可以比城市好一点，但是多听到一些可厌的新闻，待到去校和社会接触，你还要苦痛，你觉得有趣生意不，那时再做做新事人员，学生在学校中，其实是多么可厌的新闻，待到去校和社会接触，你还要苦痛，你觉得有趣生意不，那时再做做新事人员，要苦痛的总速度展开，要苦痛之趋势，恐怕从较为宁静的地方突到闹市，也许要苦些，其苦痛之趋势，本在都市者则闻学校的情形，向来如此，但二三十年前，看去仿佛较好者，因为斗争也猛烈，于是坏脾气也就澈底显出，教育界的清高，本是粉饰之谈，其实和别的什么界都一样，人的气质不大容易改变，进大学是气甚盛才的，泛且又有这样的环境，正如人身的血液一坏，体中的一部分块不能独保健康一样，教育界也不会在这样的民国里特别清高的。

所以，学校之不甚高明，其实由来已久，加以金钱的魔力，本是非常之大，向中国又是向来羡了运用金钱诱惑店衔的地方，于是自然就成了

我商量一同去劝他，用了整一夜反复申辩的功夫，总算意思转过来了，答应照医生的话，好好地把病医好。"

在感激年轻女性对自己的关怀和爱护的同时，鲁迅也表达了一些疑虑。他把自己比作一片陈旧的、干枯的枫叶（腊叶），因为有病得到同情，因为获得同情而被珍存。但事过境迁，它早已没有斑斓的颜色，再过些时日，色彩黯淡，形象自然会更丑陋，保存者会不会把它抛弃呢？同情乃至爱情会永不消逝吗？

鲁迅摄于 1925 年

他没有把握。忧虑和哀愁，通过揣摩"爱我者"的心思，隐约地表达出来。

在小说《伤逝》中，他把涓生和子君的结局描绘得很凄惨，折射出他对社会压力及爱情和婚姻生活的种种变数的担忧和疑虑。当然，他的社会地位和经济条件比涓生要好得多。而最让他不安的是社会舆论的压力，他毕竟是有家室的人。

许广平向鲁迅表白了感情，她在《风子是我的爱》中说：

风子是我的爱，于是，我起始握着风子的手。

奇怪，风子同时也报我以轻柔而缓缓的紧握，并且我脉博的跳荡，也正和风子呼呼的声音相对，于是，它首先向我说："你战胜了！"真的吗？偌大的风子，当我是小孩子的风子，竟至于被我战胜了吗？从前它看我是小孩子的耻辱，如今洗刷了！这许算是战胜了吧！不禁微微报以一笑。

它——风子——承认我战胜了！甘于做我的俘虏了！

> 即使风子有它自己的伟大,有它自己的地位,藐小的我既然蒙它殷殷握手,不自量也罢!不相当也罢!同类也罢!异类也罢!合法也罢!不合法也罢!这都于我们不相干,于你们无关系,总之,风子是我的爱……

他们商量好一同到南方谋生,先分开两年,各自有一些积蓄,再走到一起。1926年8月,鲁迅携许广平离京南下,在上海短暂停留后,鲁迅去了厦门,许广平去了广州。鲁迅在给许广平的信中这样表明决心:

> 这是你知道的,我这三四年来,怎样地为学生,为青年拼命,并无一点坏心思,只要可给与的便给与。然而男的呢,他们互相嫉妒,争起来了,一方面不满足,就想打杀我,给那方面也无所得。看见我有女生在座,他们便造流言。这些流言,无论事之有无,他们是在所必造的,除非我和女人不见面。他们貌似新思想,其实都是暴君酷吏,侦探,小人。倘使顾忌他们,他们更要得步进步。我蔑视他们了。我有时自己惭愧,怕不配爱那一个人,但看看他们的言行思想的内幕,便使我自信我决不是必须自己贬抑到那么样的人了,我可以爱!

文人学者

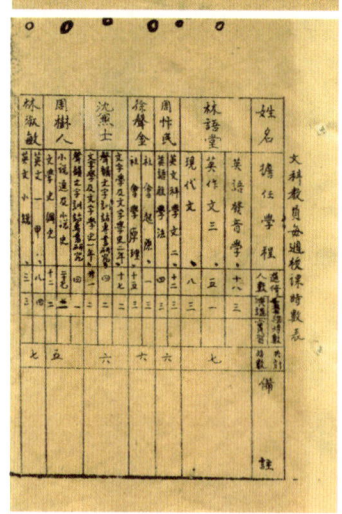

厦门大学课表

新成立的厦门大学为谋发展，在全国招聘知名学者。鲁迅是著名作家，又曾在北京多所大学任教，有重要的学术著作出版，不但在中国小说史研究方面成就卓著，而且在金石学等方面也有所涉猎。他对学生具有双重吸引力。鲁迅接受了聘请，担任厦大国文系教授和国学院研究教授。这是鲁迅第一次担任大学专职教师。

这是马来华侨陈嘉庚创办的私立大学，校长是一位英国籍的中国人，名叫林文庆，毕业于爱丁堡大学，但思想上却是一个孔教徒，要求学生们用文言做文章。

鲁迅到厦大不久就失望了。地方荒僻，消息闭塞，知识浅陋，使他连声叹息：自己还是太天真了，竟然相信这是好地方！他写信给章廷谦说："北京如大沟，厦门则小沟也,大沟污浊,小沟独干净乎哉?……要做事是难的。攻击排挤,正不下于北京。"

厦门大学与鲁迅订的合同条件很优厚。工资每月400元,只任两门课:中国文学和中国小说史。后者是他在北京多所学校讲过的,早有准备。

在北京与他论战的"现代评论派"成员,此时也纷纷南下,有的直接到了厦门大学。曾公开声明学术上只佩服胡适和陈西滢——陈西滢曾同鲁迅论战——的顾颉刚,也到厦门大学来做教授了。学界和官场一样,结党组派,争斗不休。

因为是全国知名的文人,鲁迅到厦门后,经常有人来拜访,不免干扰他的工作。进入新环境的鲁迅,感到自己处于"失语"状态:

> 可谈的问题自然多得很,自宇宙以至社会国家,高超的还有文明,文艺。古来许多人谈过了,将来要谈的人也将无穷无尽。但我都不会谈。记得还是去年躲在厦门岛上的时候,因为太讨人厌了,终于得到"敬鬼神而远之"式的待遇,被供在图书馆楼上的一间屋子里。白天还有馆员,钉书匠,阅书的学生,夜九时后,一切星散,一所很大的洋楼里,除我以外,没有别人。我沉静下去了。寂静浓到如酒,令人微醺。望后窗外骨立的乱山中许多白点,是丛冢;一粒深黄色火,是南普陀寺的琉璃灯。前面则海天微茫,黑絮一般的夜色简直似乎要扑到心坎里。我靠了石栏远眺,听得自己的心音,四远还仿佛有无量悲哀,苦恼,零落,死灭,都杂入这寂静中,使它变成药酒,加色,加味,加香。这时,我曾经想要写,但是不能写,无从写。这也就是我所谓"当我沉默着的

时候，我觉得充实，我将开口，同时感到空虚"。

怎么写？写什么？成了1926年以后十年间鲁迅文字生涯的主旋律 —— 虽然他这十年写的文字是以往的两倍。

不过，在厦门这短短的四个月时间里，他的心态也发生了微妙的变化，对往昔经历的温馨回忆使他从倔强变得柔和，从孤僻变得活泼。这变化要归功于爱情。日子看似单调沉闷，但因为沉浸在爱情中，便有了丰富的内涵。他用书信倾诉衷情，从中获得暂时的安宁。

1926年11月，鲁迅写信给许广平，说自己常迟疑于此后所走的路：

（一）积几文钱，将来什么都不做，苦苦过活；（二）再不顾自己，为人们做一点事，将来饿肚也不妨，也一任别人唾骂；（三）再做一些事（被利用当然有时仍不免），倘同人排斥，为生存起见，我便不问什么都敢做，但不愿失了我的朋友。第二条我已行过两年多了，终于觉得太傻。前一条当先托庇于资本家，须熬。末一条则太险，也无把握（于生活）。所以实在难于下一决心，我也就想写信和我的朋友商议，给我一条光。

虽然列出三条路，但他真心想走的恐怕还是第三条。他疑惑许广平是否真的愿意和他携手共进，也不知道这条路是否真能够走通，因此向情人发出试探，或曰求援。

许广平感觉到鲁迅的心思，知道鲁迅有疑虑，而且不愿意解除与原配的婚姻关系。她回信说：

你信本有三条路，叫我给"一条光"，我自己还是瞎马乱撞，何从有光，而且我又未脱开环境，做局外旁观。我还是世人，难免于不顾虑自己，难于措辞，但也没有法了。到这时候，如果我替你想，或者我是和你疏远的人，发一套批

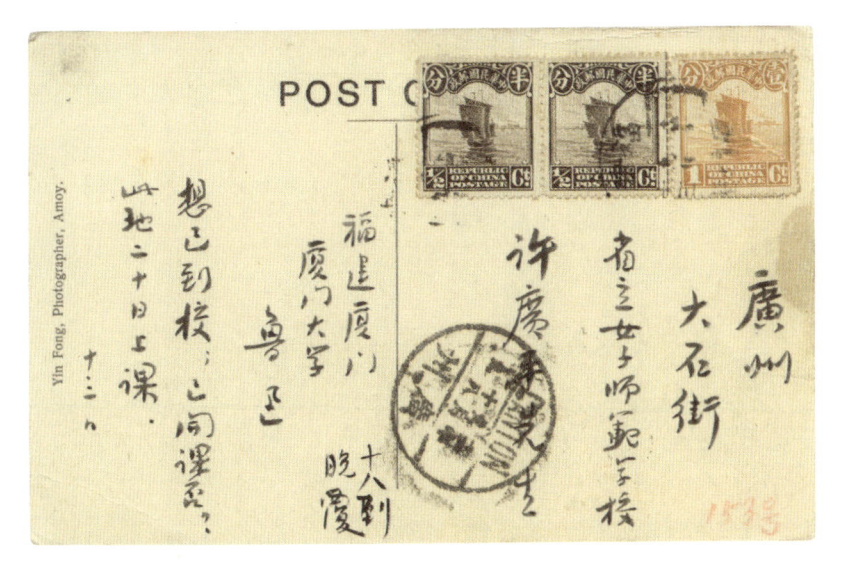

鲁迅寄给许广平的"厦门大学全景"明信片

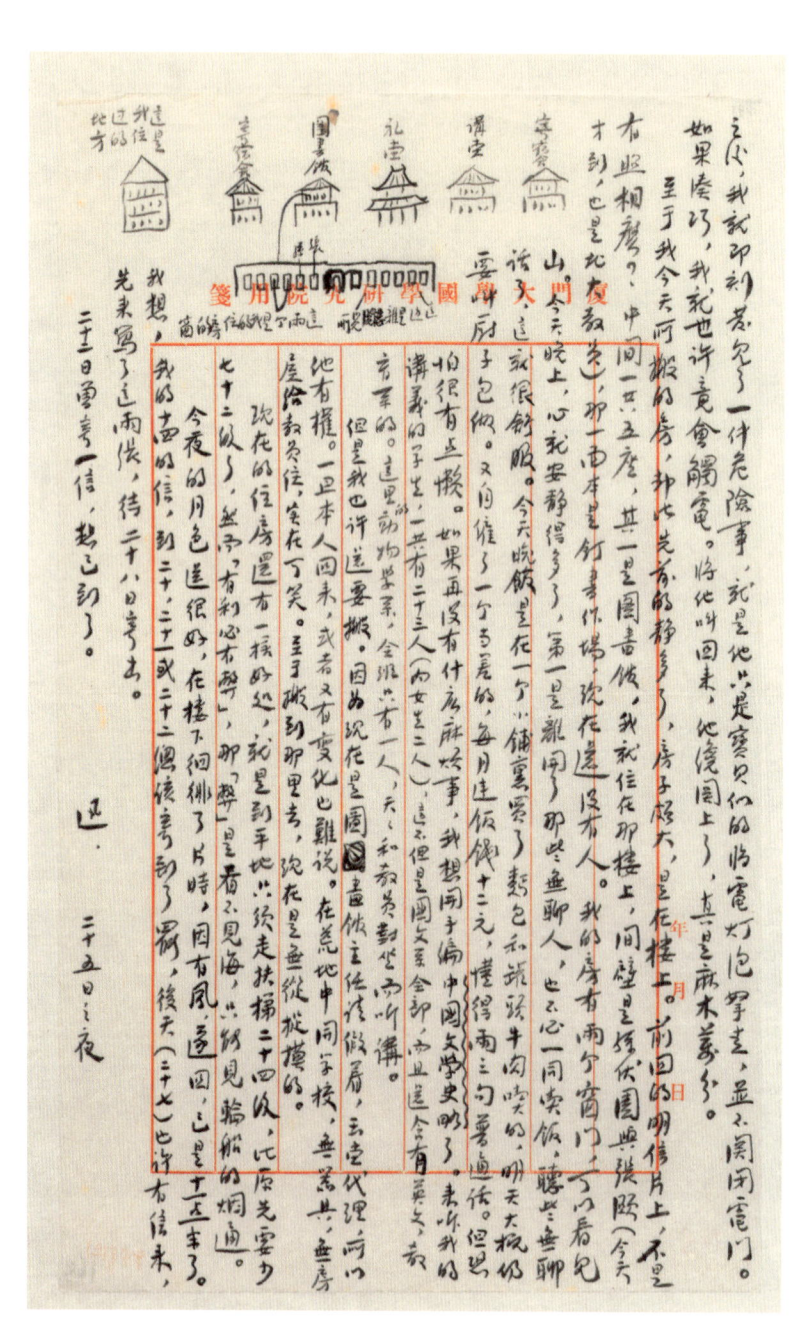

鲁迅在厦大期间给许广平的信，上有所绘校园方位图

评,我将要说:你的苦了一生,就是一方为旧社会牺牲。换句话,即为一个人牺牲了你自己。而这牺牲虽似自愿,实不曾旧社会留给你的遗产。……你自身是反对遗产制的,不过觉得这份遗产如果抛弃了,就没人打理,所以甘心做一世农奴,死守遗产。……我们是人,天没有叫我们专吃苦的权利,我们没有必吃苦的义务,得一日尽人事求生活,即努力做去。我们是人,天没有硬派我们履险的权力,我们有坦途有正道为什么不走,我们何苦因了旧社会而为一人牺牲几个,或牵连至多数人,我们打破两面委曲忍苦的态度,如果对于那一个人的生活能维持,对于自己的生活比较站得稳,不受别人借口攻击,对于另一方,新的部面,两方都不因此牵及生活,累及永久立足点,则等于面面都不因此难题而失了生活,对于遗产抛弃,在旧人或批评不对,但在新的,合理的一方或不能加以任何无理批评,即批评也比较易立足。……因一点遗产而牵动到了管理人行动不得自由,这是在新的状况下所不许。这是就正当解决讲,如果觉得这批评也过火,自然是照平素在京谈话做去,在新的生活上,没有不能吃苦的。

许广平对鲁迅的处境表示理解,并鼓励鲁迅做出决断。鲁迅终于下了决心。

鲁迅曾做过中学师范学校教员,并在北京的多所高校兼过课,对教书生涯并不陌生。在与学生的关系方面,他做得也不错,很多学生尊敬他,喜欢他。他积极主动地帮助当地学生编辑两份文学杂志。至于写作,他这个时期主要写回忆文章,后来编入散文集《朝花夕拾》。然而,如他自己所说,"一个人做到只剩了回忆的时候,生涯大概总要算是无聊了"。他一面留恋文学创作,一面希望在学术研究方面有

厦门大学学生会欢送鲁迅大会留影

所建树，以便在大学站稳脚跟。但他渐渐感到两者难以兼顾。1926年11月1日他把这感受写在给许广平的信中：

> 但我对于此后的方针，实在很有些徘徊不决，那就是：做文章呢，还是教书？因为这两件事，是势不两立的：作文要热情，教书要冷静。兼做两样的，倘不认真，便两面都油滑浅薄，倘都认真，则一时使热血沸腾，一时使心平气和，精神便不胜困惫，结果也还是两面不讨好。……我自己想，我如写点东西，也许于中国不无小好处，不写也可惜；但如果使我研究一种关于中国文学的事，大概也可以说出一点别人没有见到的话来，所以放下也似乎可惜。但我想，或者还不如做些有益的文章，至于研究，则于余暇时做，不过倘使应

酬一多，可又不行了。

的确，把回应现实刺激的论辩性杂文的热烈与学术研究所要求的冷静结合起来是困难的。其实，他在学校与青年文学者交往更感到惬意，谈话演说中负面的批评意见不少，给人的印象还是一个文人，于是就被学者们看不起，得到一个"名士派"的称号。

无疑，他的生活因缺少许广平而存在巨大空白，无论多么频繁的通信也不能完全弥补这个空白。

他接到广州中山大学的邀请。他要辞职离开厦大的消息在学校掀起了波浪。就像他写信给许广平说的，"挽留的运动变成了改革学校的风潮"。校长出面，力劝他留下来。但他去意已决。

同事、学生、同乡纷纷聚会欢送他。学生会的临别致语说："猗嗟先生，明哲大成。并作稗官，久著微声。四海共钦，如玉如冰。惠然来斯，天动地惊。不倦不厌，化我顽冥。普陀生色，校运乍亨。方期附骥，自兹可能。奈何半载，飘然南征。……厦大全体学生鞠躬。"

有几位同学竟从厦大退学，跟随他到广州。

策源地

鲁迅于 1927 年 1 月 18 日到达广州,他在中山大学的职位是文学系主任和教务主任,薪酬每月 500 元。他与许广平重又聚首,并聘许广平为私人助理。几个月后,许广平搬进鲁迅和许寿裳合住的公寓。许寿裳是鲁迅邀请来中大教书的。

鲁迅是大文豪,社会和文明批评者,因此,革命策源地的青年们对他充满了期待。欢迎的热潮过去不久,鲁迅发现自己处在尴尬的境况中:

> 白天来访的本省的青年,却大抵怀着非常的好意的。有几个热心于改革的,还希望我对于广州的缺点加以激烈的攻击。这热诚很使我感动,但我终于说是还未熟悉本地的情形,而且已经革命,觉得无甚可以攻击之处,轻轻地推却了。那当然要使他们很失望的。

报纸上出现了《鲁迅先生往哪里躲》这样的文章,批评他不写文章是在躲避斗争,并呼吁他恢复"呐喊"的勇气。"鲁迅先生!你莫尽自在大学教授室里编你的讲义。……如此社会,如此环境,你不负担起你的使命来,你将往哪里去躲"!接着,更有人严厉责问他:"你不愿意从事文学革命;你又不去做武装者的革命;那么你处在今日的中国,更拿着一种什么革命的东西在领导着一般青年?"

有人批评他"落伍"。在北伐顺利进行、革命胜利在望的形势下,《阿Q正传》那样的作品有没有资格被称为革命文学,成了疑问。鲁迅爱惜自己的名声,面对这样的批评,他有些紧张,他甚至让许广平以她的名义,写了《鲁迅先生往那些地方躲》,给予解释。

那么,鲁迅对"革命策源地"的感受如何呢?他说:

> 我抱着梦幻而来,一遇实际,便被从梦境放逐了,不过剩下些索漠。我觉得广州究竟是中国的一部分,虽然奇异的花果,特别的语言,可以淆乱游子的耳目,但实际是和我所走过的别处都差不多的。倘说中国是一幅画出的不类人间的图,则各省的图样实无不同,差异的只在所用的颜色。黄河以北的几省,是黄色和灰色画的,江浙是淡墨和淡绿,厦门是淡红和灰色,广州是深绿和深红。

在一次演讲中,鲁迅指出,广州之所以能做"革命的策源地",是因为这里的人民并没有力量,因此,它也就很可能变成反革命的策源地。谁获得权力,谁就决定这里的颜色。当北伐军攻克上海和南京时,鲁迅写了《庆祝沪宁克服的那一边》,警告人们,民国的旗帜插得越远,信徒越多,其危险性就越大。因为革命将要或者已经胜利时,各色人等都要挤进队伍,"咸与革命"。就好比大乘佛教,等到一般的居士都可以算是成了佛的时候,其戒律也就荡然无存。那不是佛教的弘通,而是佛教的败坏。革命势力的壮大,并不意味着革命理想的实现。果然,北伐军到了上海,革命队伍就开始分裂,随即是大屠杀,鲁迅不幸而言中。

鲁迅对学校的行政工作也不适应。琐碎、繁重的行政工作和喧闹的环境使他根本无法从事创作或学术研究:

> 在钟楼上的第二月,即戴了"教务主任"的纸冠的时候,是忙碌的时期。学校大事,盖无过于补考与开课也,与别的一切学校同。于是点头开会,排时间表,发通知书,秘藏题

目,分配卷子,……于是又开会,讨论,计分,发榜。工友规矩,下午五点以后是不做工的,于是一个事务员请门房帮忙,连夜贴一丈多长的榜。但到第二天的早晨,就被撕掉了,于是又写榜。于是辩论:分数多寡的辩论;及格与否的辩论;教员有无私心的辩论;优待革命青年,优待的程度,我说已优,他说未优的辩论;补救落第,我说权不在我,他说在我,我说无法,他说有法的辩论;试题的难易,我说不难,他说太难的辩论;还有因为有族人在台湾,自己也可以算作台湾人,取得优待"被压迫民族"的特权与否的辩论;还有人本无名,所以无所谓冒名顶替的玄学底辩论……。这样地一天一天的过去,而每夜是十多匹 —— 或二十匹 —— 老鼠的驰骋,早上是三位工友的响亮的歌声。

现在想起那时的辩论来,人是多么和有限的生命开着玩笑呵。

黄埔陆军军官学校。1927年4月8日鲁迅在此发表演讲《革命时代的文学》

国共分裂，国民党政权大规模搜捕杀戮共产党员。青年人也分成两个阵营。有些青年投书告密，助官捕人。鲁迅说："我至今为止，时时有一种乐观，以为压迫、杀戮青年的，大概是老人。……现在我知道不然了，杀戮青年的，似乎倒大概是青年，而且对于别个的不能再造的生命和青春，更无顾惜。"

此前，鲁迅已表示，如果顾颉刚等人来中大，他就辞职。在清党运动中营救被捕学生的努力失败后，他决然于4月21日辞去所有职务。6月6日，校方接受了他的辞呈。这之后，他留在广州写作和讲课，一直到9月27日才启程经香港去往上海。

广州往上海的船经过香港时，香港的海关人员上船检查。两位身穿制服的检查员，把鲁迅的书籍和皮箱翻了个底朝天。最后收了他的贿赂，才放过了他。鲁迅把这经历写进《再谈香港》一文中。他愤激地写道："香港虽只一岛，却活画着中国许多地方现在和将来的小照：中央几位洋主子，手下是若干颂德的'高等华人'和一伙作伥的奴气同胞。此外即全是默默吃苦的'土人'，能耐的死在洋场上，耐不住的逃入深山中，苗瑶是我们的前辈。"

鲁迅感到迷惑。在广州这个革命风起云涌的地方，写什么和怎么写，对他却成了问题。

离开广州前夕，鲁迅应邀到广州夏期学术讲演会讲课，讲题是《魏晋风度及文章与药及酒之关系》。他借古喻今，向听众介绍魏晋时期那些被约束和禁锢而又反抗约束和禁锢的文人。阮籍和嵇康是他们的代表。他们为反抗专制，呈现出种种变态，如沉溺于酒和药，最终却都无所逃于纲常名教的天威。这篇演讲凝聚着鲁迅对特定政治气候中文化人命运的思考，给研究中国文学和政治的关系提供了一个范例，也是不久后他在上海发表的演讲《文艺与政治的歧途》

的先声。

鲁迅喜欢魏晋文章，一部《嵇康集》他校勘了十几遍。他的学术爱好与他的性情相合。

到了革命的策源地，却不能自由说话，甚至顾忌更多。这种状态，看似失去了言论自由，其实是失去了不言论的自由。闹革命的地方总要把一切文字都用来作为宣传工具，不允许有其他用途，甚至不许不说话。

其实对于所谓"革命"，鲁迅一向没有好感，那原因是他已经屡次失望于革命、改革之类的号召和运动："见过辛亥革命，见过二次革命，见过袁世凯称帝，张勋复辟，看来看去，就看得怀疑起来，于是失望，颓唐得很了。"《阿Q正传》中好几章的题目都与革命有关，都含有讽刺意味。当阿Q去革尼姑庵的命时，人家对他说已经"革"过了。当有人说阿Q时代已经过去，鲁迅说，如果以后中国还有革命，就还会有阿Q这样的"革命者"。

20世纪30年代，美国记者斯诺到上海采访鲁迅，有这样的发问："如今经过了第二次的国民革命（指北伐），您认为在中国阿Q仍同以前一样多吗？"鲁迅笑答："更糟了。现在是阿Q们管理着这个国家了。"

鲁迅很坦白："老实说，远地方在革命，不相识的人们在革命，我是的确有点高兴听的，然而 —— 没有法子，索性老实说罢，—— 如果我的身边革起命来，或者我所熟识的人去革命，我就没有这么高兴听。"

几个月后，他在《小杂感》中写道："革命的被杀于反革命的。反革命的被杀于革命的。不革命的或当作革命的而被杀于反革命的，或当作反革命的被杀于革命的，或并不当作什么而被杀于革命的或反革命的。革命，革革命，革革革命，革革……"

中国历代的革命（或起义）是表演破坏威力的把戏，是争夺椅子（位子）的闹剧。革命成功了则改朝换代，椅子还是那把椅子，只是坐在椅子的人的脸孔换了而已。鲁迅这种观念，不免有一点虚无主义的影子，但社会进步的缓慢使思想者急躁，也是可以理解的。国家的名称、执政者的脸孔更换起来容易，而人们的思想才是最难改变的东西。如果不改造国民性，不提高国民素质，搞什么革命都不中用。

鲁迅《而已集》，收录1927年所作杂文29篇，附1926年1篇

他对自己多年来所做的启蒙工作的效力产生了怀疑。他的呐喊究竟有什么用？在《答有恒先生》一文中，他对民众的接受能力几乎完全绝望了：

> 现在倘再发那些四平八稳的"救救孩子"似的议论，连我自己听去，也觉得空空洞洞了。还有，我先前的攻击社会，其实也是无聊的。社会没有知道我在攻击，倘一知道，我早已死无葬身之所了。试一攻击社会的一分子的陈源之类，看如何？而况四万万也哉？我之得以偷生者，因为他们大多数不识字，不知道，并且我的话也无效力，如一箭之入大海。否则，几条杂感，就可以送命的。民众的罚恶之心，并不下于学者和军阀。近来我悟到凡带一点改革性的主张，倘于社会无涉，才可以作为"废话"而存留，万一见效，提倡者即大

概不免吃苦或杀身之祸。古今中外，其揆一也。

如果他长时间住在广州，秉持这样的观念，是也很容易成为反革命的。对得势的英雄的专横嘴脸的厌恶，对历史恶性循环的恐惧预感，使鲁迅又陷入彷徨寻路的状态。

他决定到上海，靠写作谋生。

创造社、太阳社的后起之秀，他本打算联合以结成一条战线的，但广州的复杂形势，使这愿望成为泡影。他在文坛上成了一个孤独者。

第七章 家庭

鲁迅与许广平相爱的细节,许广平后来在《风子是我的爱……》中做过这样的描述,这一年深秋的一个晚上,在鲁迅寓所的「老虎尾巴」书房,二十七岁的许广平首先握住了鲁迅的手,鲁迅报以「轻柔而缓缓的紧握」。终于,鲁迅对许广平说:「你战胜了」

蜜 月

鲁迅和许广平到上海不久,在朋友再三敦促下,到杭州一游,算是蜜月旅行。

虽然是夏天,暑热逼人,一行人登山拜庙,品茶泛舟,十分惬意。鲁迅平日不喜游览,曾说:"我对于自然美,自恨并无敏感,所以即使恭逢良辰美景,也不甚感动。"东京上野公园的樱花、仙台附近有名的松岛风景区,他都只去过一次;杭州有人间天堂之称,诗人把西湖比作"淡妆浓抹总相宜"的美女,他很少去欣赏。当别人起劲地称赞"平湖秋月""三潭印月"之类景色时,他却冷冷地说:"不过平平"。在那篇有名的《论雷峰塔的倒掉》的开头,也是对西湖美景的嘲讽:

> 听说,杭州西湖上的雷峰塔倒掉了,听说而已,我没有亲见。但我却见过未倒的雷峰塔,破破烂烂的映掩于湖光山色之间,落山的太阳照着这些四近的地方,就是"雷峰夕照",西湖十景之一。"雷峰夕照"的真景我也见过,并不见佳,我以为。

读者可能会以为鲁迅因为讨厌法海,便恨乌及屋地蔑视雷峰塔及周边美景。他真的不喜欢徜徉山水。

不过,与情人同行,则另当别论。

陪同游玩的许钦文和章廷谦都说,与鲁迅交往多年,从没有看见他这么兴奋——毕竟是蜜月旅行。但他并不愿完全公开他和许广平的关系。动身之前,他让朋友预订一间有三张床的房间;到了旅馆,

鲁迅偕许广平到达上海后,与周建人、林语堂、孙伏园、孙福熙合影

第七章 家庭

他对许钦文说:"钦文,你留在这里。以后白天有事,你尽管做去,晚上可一定要到这里来!"并指定许钦文睡在中间那张床上,将自己和许广平隔开。这行为颇有些让人费解。

在上海,一开始,鲁迅住楼下,许广平住楼上,鲁迅对外仍宣称许广平是自己的助手。但流言颇不少。这流言,从他们一起离开北京,一直跟随他们到厦门、广州和上海。

一天,鲁迅到内山书店买书,对书店老板内山完造说:"老板,我结婚了。"内山问:"跟谁呀?"鲁迅回答道:"跟许。人们太为我们操心了,说这说那的,不结婚,反而于心不安了。"口气之间显得很坦然。但其实,他心中仍然有担心和疑虑。

其实,他和许广平一起离开北京时,很多人已经预料到结局。

1928年初,他收到这样一封信:"鲁迅先生:昨与××××诸人同席,二人宣传先生讨姨太太,弃北京之正妻而与女学生发生关系,……此事关系先生令名及私德,……于先生大有不利,望先生作函警戒之……"写信人自称崇拜鲁迅,口气之间显出对他的关心和爱护。

这就是社会舆论!

蜜月过后,就是日常生活。结婚使鲁迅的精神面貌有了明显的变化。这变化,许广平看得最清楚:

> 但是他的脾气也并非一成不变。在上海,头发也不那么长了,衣服也不一定补钉了,差不多的时候也肯抽出时间做清洁运动了。他并不过分孤行己意,有时也体谅到和他一同生活的别人。尤其留心的是不要因为他而使别人多受苦。所以,他很能觉察到我的疲倦,会催促快去休息,更抱歉他的不断工作的匆忙。没有多聚谈的机会,每每赎罪似地在我睡前陪几分钟。临到我要睡下了,他总是说:"我陪你抽一支烟好吗?""好的。"那么他会躺在旁边,很从容地谈些国家大事或友朋往来,或小孩子与家务,或文坛情形,谈得起劲,他就要求说:"我再抽一支烟好吗?"同意了他会谈得更高兴,但不争气的多是我,没有振作精神领受他的谈话,有时当作是催眠歌般不到一支烟完了,立刻睡熟了,他这时会轻轻走开,自己去做他急待动笔的译作。

许广平日常做家务,照料的生活,有闲空就帮他抄写、校对、整理文稿。有时候他写完稿,拿给许广平看,征求她的意见。

婚姻生活并非总是和谐甜蜜的。

与许广平同居两年后,他在给朋友的信中说:"爱与结婚,则又有他种大事,由此开端,此种大事,则为结婚之前,所未尝想到或遇见者,然此亦人生所必经(倘要结婚),无可如何者也。"许广平是知识女性,长期做家庭妇女并不符合她的志趣。许广平到上海之后的最初几个月,编刊物,写文章,对社会事件密切关注。她还和几位女师大校友办了个妇女杂志,名为《革命的妇女》,有时为别的刊物写写文章。许广平当过教师,因此也曾想回教育界重操旧业。有一天,许寿裳来到上海,许广平向他表达想出去工作的意愿,许寿裳没有征求鲁迅的意见,就为许广平在教育界找了份工作。许广平以为鲁迅一直以来在讲提高妇女的社会地位,一定会同意她外出工作的。但鲁迅知道后,叹息着说:"这样,我的生活又要改变了,又要回到以前一个人干的生活中去了。"许广平见鲁迅很不情愿,只好打消了念头,专心做家庭妇女。

书斋中的鲁迅,摄于 1928 年

年龄之间的差距,原本的师生关系,使他们的婚姻生活中较多敬的成分。他们发生争执的时候很少,但不愉快的表达方式却特别。许广平回忆说:

> 偶然也有例外,那是因为我不加检点地不知什么时候说了话,使他听到不以为然了,或者恰巧他自己有什么不痛快,在白天,人事纷繁,和友朋来往,是毫不觉得,但到夜里,两人相对的时候,他就沉默,沉默到要死。最厉害的时候,会茶烟也不吃,像大病一样,一切不闻不应,那时候我真痛苦

芥子園畫譜 三集

此上海有正書局翻造本其廣告謂肇究木刻十餘年始雕竟書賈則兼用木版石版波黎版又人工著色乃日本成法非畫木刻也廣告誇耳然原刻難得翻本亦無勝于此者因致一部以贈廣平有詩為證

十年攜手共艱危以沫相濡亦可哀聊借畫圖怡倦眼此中甘苦兩心知

戌年冬十二月九日之夜 魯迅記

题《芥子园画谱·三集》赠许广平

万状。为了我的过失吗？打我骂我都可以，为什么弄到无言！如果真是轻蔑之极了，那我们可以走开，不是谁都没有勉强过谁吗？我不是伤痛我自己的遭遇，而是焦急他的自弃。他不高兴时，会半夜里喝许多酒，在我看不到的时候，更会像野兽的奶汁所喂养大的莱谟斯一样（用何凝先生的譬语），跑到空地去躺下。至少或者正如他自己所说，像受伤的兽，跑到草地去舔干自己的伤口，走到没有人的空地方蹲着或睡倒。这些情形，我见过不止一次，我能这时候把他丢下不理吗？有一次夜饭之后，睡到黑黑的凉台地上，给三四岁的海婴寻到了，也一声不响的并排睡下，我不禁转悲为笑，而他这时倒爬起身来了。

过去，鲁迅是一位孤身冲锋的战士，现在，有了家室，就难有决绝的举动。如果仍用野兽来比喻，他成了受束缚的、关在笼子里的野兽。

在这样的牢笼里，战斗意气自然难免减弱。

怜　子

1929年鲁迅和许广平有了儿子。有子嗣，乐在其中，苦亦随之。

鲁迅老年得子，对孩子宠爱自不必说。孩子病了，他焦急，孩子吵闹，他心烦，因此影响了工作效率。而为了一家人的生活，他又要更努力地著译。养育孩子是一件繁难的工作，鲁迅深有体会。1931年3月6日他在给李秉中的信中说："孩子生于前年九月间，今已一岁半，男也，以其为生于上海之婴孩，故名之曰海婴。我不信人死而魂存，亦无求于后嗣，虽无子女，素不介怀。后顾无忧，反以为快。今则多此一累，与几只书箱，同觉笨重，每当迁徙之际，大加擘画之劳。但既已生之，必须育之，尚何言哉。"同年4月15日又写信给打算生育孩子的李秉中，说："生今之世，而多孩子，诚为累坠之事，然生产之费，问题尚轻，大者乃在将来之教育，国无常经，个人更无所措手。"但"长吉诗云：已生须已养，荷担出门去，只得加倍服劳，为孺子牛耳"。

鲁迅是个现实主义者。他不唱高调，理性看待生活。这是他文学创作的基调——对浪漫的笔调和色彩，他保持着警惕。

鲁迅靠写作为生，创作时需要安静。有了孩子，家中自然多了喧闹，少了安宁。1931年6月23日他给朋友写信诉苦道："我安善如常，但总在老下去；密斯许亦健，孩子颇胖，而太顽皮，闹得人头昏。四月间北新书店被封，于生计颇感恐慌，现北新复开，我的书籍销行如故，所以没有问题了。中国近又不宁，真不知如何是好。"

他也常常把孩子的情况写信报告母亲，如 1932 年 3 月 20 日的信中说孩子"现在胃口很好，人亦活泼，而更加顽皮，因无别个孩子同玩，所以只在大人身边吵嚷，令男不能安静"。1934 年 2 月 14 日他写信给日本朋友增田涉说："搬家以后，海婴很健康，但更顽皮，在家时常有暴动之虑，真难办。"在 1934 年 8 月 7 日的信中又说："但海婴这家伙却非常顽皮，两三日前竟发表了颇为反动的宣言，说：'这种爸爸，什么爸爸！'真难办。"烦恼中也有喜悦。

孩子慢慢长大，教育就是问题。在家里吵闹不休，送幼儿园是一个解决办法。他写信给朋友报告说："孩子的幼稚园中，一共只有十多个人，所以还不十分混杂，其实也不过每天去关他四个钟头，好给我清净一下。"不过，担心和烦恼无穷无尽。先是面临"劝学"："他一去开，就接连的要去；礼拜天休息一天，第二天就想逃学——我看他也不像肯用功的人。"他还怕孩子在幼稚园中说出他的名字，因为孩子大起来，会知道父亲是个名人；他不愿意孩子学江苏话，他的理由是江苏话少用N音结末，譬如把"三"说成"See"、"南"说成"Nee"，不好

鲁迅一家三口合影

听。独生子在家里孤独，慢慢喜欢上幼稚园了，但有时候幼稚园人数减少，"现在连先生的小妹子一共只剩了三个了，要关门大吉也说不定。他喜欢朋友，现在很感得寂寞。"幼稚园放假，全家发愁。至于老师水平不高，也是不免遇到的："不过近地的幼稚园，因为学生少，似乎未免模模糊糊，不大认真。秋天也许要另换地方的。"

鲁迅在《答客诮》一诗中，把自己比作兴风狂啸的老虎："知否兴风狂啸者，回眸时看小於菟。"这首诗是回答那些讥笑他溺爱儿子的人们的。

更为人们熟知的比喻是"孺子牛"。

1932年10月5日，郁达夫、王映霞夫妇设宴招待鲁迅、柳亚子夫妇和郁达夫兄嫂等。郁达夫见到鲁迅，关心地问："你这些天来辛苦吧！"鲁迅回答道："横眉冷对千夫指，俯首甘为孺子牛。"郁达夫打趣地说："看来你的'华盖运'还没有脱。"鲁迅说："嗳，给你这样一说，我又得了半联，可以凑成一首小诗了。"10月12日午后，鲁迅把新撰七律一首书写成条幅赠送柳亚子：

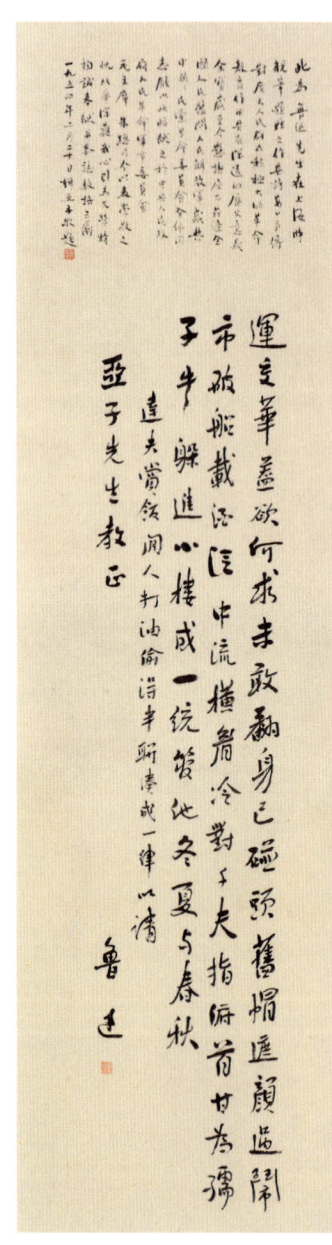

鲁迅书《自嘲》诗赠柳亚子

> 运交华盖欲何求，未敢翻身已碰头。
> 旧帽遮颜过闹市，漏船载酒泛中流。
> 横眉冷对千夫指，俯首甘为孺子牛。
> 躲进小楼成一统，管他冬夏与春秋。

鲁迅多次想离开上海乃至中国，但因为局势不稳及家累颇重，终于未能成行。有一次他写信给朋友说：

> 时亦有意去此危邦，而眷念旧乡，仍不能绝裾径去。野人怀土，小草恋山，亦可哀也。日本为旧游之地，水木明瑟，诚足怡心，然知之已稔，遂不甚向往，去年颇欲赴德国，亦仅藏于心。今则金价大增，且将三倍，我又有眷属在沪，并一婴儿，相依为命，离则两伤，故且深自韬晦，冀延余年，倘举朝文武仍不相容，会当相偕以泛海，或相率而授命耳。

书斋生活

鲁迅刚到上海，建立家庭，开拓事业，做事积极，状态不错。大学请他演讲，他总是欣然前往，有一个月竟连讲四五次。有一所大学想聘请他去任教，他经过考虑，拒绝了。文学是他的老本行，编杂志更驾轻就熟，所以，他一到上海就复刊《语丝》，后来又与郁达夫合作创办《奔流》月刊，自己校对、插图、跑印刷厂，写编后记，忙得不亦乐乎。1929年他还和柔石等几个青年人组织"朝花社"，办《朝花》周刊，提倡美术，尤其是木刻版画。

工作压力一多，书斋生活就显得沉闷和沉重。1929年3月22日鲁迅致韦素园信中，谈到自己的生活和工作状态说，"近来总是忙着看来稿，翻译，校对，见客，一天都被零碎事化去了"，"我的'新生活'却实在并非忙于和爱人接吻，逛公园，而苦于终日伏案写字"。

他的社会活动也不少。"中国革命互济会"向他发出邀请，他先答应为他们的刊物写稿，后来正式加入组织，并多次捐款；他参加"中国自由运动大同盟"，被推为发起人；他参与组织"中国左翼作家联盟"，并担任这个组织的领导人之一。

但青年文学家们——他们以为自己是"革命文学家"——看不惯鲁迅的作风，向他展开猛烈的进攻。创造社、太阳社的某些成员，用马克思主义原理，分析中国革命的实际和文艺界的现状后，发现鲁迅是一个异类，一个落后分子，一个绊脚石。冯乃超在《文化批判》创刊号上发表的《艺术与社会生活》一文中，如此描绘鲁迅："鲁迅这位老生——若许我用文学的表现——是常从幽暗的酒家的楼头,醉眼陶然地眺望窗外的人生。世人称许他的好处,只是圆熟的手法一点,然而,他不常追怀过去的昔日,追悼没落的封建情绪,结局他反映的只是社会变革期中的落伍者的悲哀,无聊赖地跟他弟弟说几句人道主义的美丽的说话。隐遁主义!好在他不效 L.Tolstoy 变作卑污的说教人。"他反对把鲁迅称为"我们时代的作者",还连珠炮般质问道:"鲁迅究竟是第几阶级的人,他写的又是第几阶级的文学?他所曾诚实地发表过的,又是第几阶级的人民的痛苦?'我们的时代',又是第几阶级的时代?"

这些批评者根据鲁迅的生活状态,认定有闲而且有钱的鲁迅自然属于资产阶级。成仿吾在《完成我们的文学革命》一文中说"鲁迅先生坐在华盖之下正在抄他的小说旧闻",他的作品是一种"以趣味为中心的文艺","后面必有一种以趣味为中心的生活基调";并说"这种以趣味为中心的生活基调,它所暗示着的是一种在小天地中自己骗自己的自足,它所矜持着的是闲暇,闲暇,第三个闲暇。"李初梨在《怎样地建设革命文学》引用成仿吾关于鲁迅是"有闲阶级"的论断之后说:"我们知道,在现在的资本主义社会,有闲阶级,就是有钱阶级。"既然如此,鲁迅无论怎么努力,也终于会成为"没落者"的。成仿吾还发表《毕竟是"醉眼陶然"罢了》一文,说:"传闻他(指鲁迅)近来颇购读社会科学书籍,'但即刻又有一点不小问题':他是真要做一个社会科学的忠实的学徒吗?还是只涂抹彩色,粉饰自己的没落呢?这后一条路是掩耳盗铃式的行为,是更深更不可救药的没落。"把鲁迅"进步"的道路堵死了。

创造社的主将杜荃(郭沫若)在《文艺战线上的封建余孽》一文中措辞更加猛烈:"他是资本主义以前的一个封建余孽。资本主义对

"上海文艺漫谈会"合影,摄于1930年。漫谈会是内山完造邀请作家、新闻记者、画家等漫谈时政、文艺的小聚会。前排左三为鲁迅,左二为郁达夫

于社会主义是反革命,封建余孽对于社会主义是二重的反革命。鲁迅是二重性的反革命的人物。以前说鲁迅是新旧过渡期的游移分子,说他是人道主义者,这是完全错了。他是一位不得志的 Fascist(法西斯谛)!""杀哟!杀哟!杀哟!杀尽一切可怕的青年!而且赶快!这是这位'老头子'(指鲁迅)的哲学,于是乎而'老头子'不死了。"

青年人向自己挑战了,鲁迅感到了"后生可畏"。他必须为自己辩护。于是他投入论战,向这围剿之阵冲去。他说:

> 其实呢,我自己省察,无论在小说中,在短评中,并无主张将青年来"杀,杀,杀"的痕迹,也没有怀着这样的心思。我一向是相信进化论的,总以为将来必胜于过去,青年必胜于老人,对于青年,我敬重之不暇,往往给我十刀,我只还他一箭。然而后来我明白我倒是错了。这并非唯物史观的理论或革命文艺的作品蛊惑我的,我在广东,就目睹了同是青年,

而分成两大阵营,或则投书告密,或则助官捕人的事实!我的思路因此轰毁,后来便时常用了怀疑的眼光去看青年,不再无条件的敬畏了。然而此后也还为初初上阵的青年们呐喊几声,不过也没有什么大帮助。

他在编定这个时期的杂文集后,写了下面的话:

> 我有一件事要感谢创造社的,是他们"挤"我看了几种科学底文艺论,明白了先前的文学史家们说了一大堆,还是纠缠不清的疑问。并且因此译了一本蒲力汗诺夫的《艺术论》,以救正我——还因我而及于别人——的只信进化论的偏颇。但是,我将编《中国小说史略》时所集的材料,印为《小说旧闻钞》,以省青年的检

鲁迅在上海景云里寓所

杂文集《三闲集》收入1921年至1929年所作杂文34篇,附《鲁迅著译书目》1篇

鲁迅译日本文艺批评家片上伸著《现代新兴文学的诸问题》

查之力,而成仿吾以无产阶级之名,指为"有闲",而且"有闲"还至于有三个,却是至今还不能完全忘却的。我以为无产阶级是不会有这样锻炼周纳法的,他们没有学过"刀笔"。编成而名之曰《三闲集》,尚以射仿吾也。

鲁迅十分刻苦地阅读革命文艺理论书籍,并且动手翻译了一些经典论著。认真地研究一番后,他发现,那些围剿他的青年人拿来一些西方进口的概念,加上自己的意气和狂想,就想把文坛前辈清除掉,自己来领时代风骚,不但浅薄可笑,而且居心不良。鲁迅后来在《上海文艺之一瞥》中总结道:

到了前年,"革命文学"这名目这才旺盛起来了,主张的是从"革命策源地"回来的几个创造社元老和若干新份子。革命文学之所以旺盛起来,自然是因为由于社会的背景,一般群众,青年有了这样的要求。当从广东开始北伐的时候,一般积极的青年都跑到实际工作去了,那时还没有什么显著的革命文学运动，到了政治环境突然改变，革命遭了挫折，阶级的分化非常显明，国民党以"清党"之名，大戮共产党及革命群众，而死剩的青年们再入于被迫压的境遇，于是革命文学在上海这才有了强烈的活动。所以这革命文学的旺盛起来，在表面上和别国不同，并非由于革命的高扬，而是因为革命的挫折；虽然其中也有些是旧文人解下指挥刀来重理笔墨的旧业，有些是几个青年被从实际工作排出，只好借此谋生，但因为实在具有社会的基础，所以在新份子里，是很有极坚实正确的人存在的。但那时的革命文学运动，据我的意见，是未经好好的计划，很有些错误之处的。例如，第一，他们对于中国社会，未曾加以细密的分析，便将在苏维埃政权之下才能运用的方法，来机械地运用了。再则他们，尤其是成仿吾先生，将革命使一般人理解为非常可怕的事，摆着一种极左倾的凶恶的面貌，好似革命一到，一切非革命者就都得死，令人对革命只抱着恐怖。其实革命是并非教人死而是教人活的。这种令人"知道点革命的厉害"，只图自己说得畅快的态度，也还是中了才子+流氓的毒。

激烈得快的，也平和得快，甚至于也颓废得快。

鲁迅还说："前年创造社和太阳社向我进攻的时候，那力量实在单薄，到后来连我都觉得有点无聊，没有意思反攻了，因为我后来看出了敌军在演'空城计'。那时候我的敌军是专事于吹擂，不务于招兵练将的；攻击我的文章当然很多，然而一看就知道都是化名，骂来骂去都是同样的几句话。我那时就等待有一个能操马克斯主义批评的枪法的人来狙击我的，然而他终于没有出现。"

创造社和太阳社部分成员加入中国共产党之后，在党组织的帮助下，认识到鲁迅的价值，及对待鲁迅态度的错误，服从组织决定，主动与鲁迅和解，并与鲁迅一道筹备成立中国左翼作家联盟（左联）。

无论多么激烈，毕竟只是书斋里隔空斗法，纸面上刀光剑影。

第八章 左翼

在这个民族走向绝望，没有路可走的时候，他用自己的智慧和自己的生命的这种热能，它抵抗黑暗，肉搏惨淡的暗夜，他用生命自身的燃烧发出光热来照亮了周围的世界，使我们感到我们这个世界还没有完全的沦丧，所以它感召了很多青年人走上了思想解放和文化解放的道路。

联 盟

1931年3月2日,"左联"成立大会在上海召开,大会通过了《理论纲领》,成立了常务委员会,鲁迅被选为常务委员。鲁迅在会上发表的《对于左翼作家联盟的意见》的讲话,既是对《理论纲领》的支持和补充,也是对《纲领》某些过"左"提法的批评和匡正。他说:"倘不明白革命的实际情形,也容易变成'右翼'。革命是痛苦,其中也必然混有污秽和血,决不是如诗人所想象的那般有趣,那般完美;革命尤其是现实的事,需要各种卑贱的,麻烦的工作,决不如诗人所想象的那般浪漫;革命当然有破坏,然而更需要建设,破坏是痛快的,但建设却是麻烦的事。所以对于革命抱着浪漫谛克的幻想的人,一和革命接近,一到革命进行,便容易失望。听说俄国的诗人叶遂宁,当初也非常欢迎十月革命,当时他叫道,'万岁,天上和地上的革命!'又说'我是一个布尔塞维克了!'然而一到革命后,实际上的情形,完全不是他所想象的那么一回事,终于失望,颓废。"

鲁迅认真地研究了马克思主义文艺理论。到上海后,为了同革命文艺家论战,他陆续买来一批日文的介绍马克思主义的书。仅仅1928年一年,他就购买了十多本。后来他教许广平学日语,就用其中的一本《马克思读本》作教材,而且,在翻译过程中还订正了原书上的错字。

他通过日文将普列汉诺夫、卢那察尔斯基的《艺术论》翻译出来,说:"我译这些书是给那些从前专门以革命文学为口号而攻击我的人们看的。"他这个时期的文章中，也逐渐出现了唯物主义、阶级等名词。

因为参加有政治背景的组织，成为左翼作家联盟的领导人，国民党当局开始注意他。1930年3月，国民党浙江省党部以他参加自由运动大同盟为由，向国民党中央提出申请，通缉"反动文人鲁迅"。随后，国民党中央执行委员会更下令"取缔"自由运动大同盟、中国革命互济会和中国左翼作家联盟等八个团体。

鲁迅翻译的普列汉诺夫的《艺术论》

当"自由运动大同盟"争取言论、出版等的自由时，国民党的"叭儿"就用"总理"的训话教训之："总理说过：我们不能要自己有自由而不肯把自己的自由交给党，我们也不能将自己的能力为自己用而不肯交给党用。个人有自由，党便没有自由；个人自私其能力，党便没有能力。一党无自由无能力，各个党员的自由和能力一定也统统落了空"，并且还发挥道："一切非党员的国民，也只有在党的自由之下才有自由，决没有到党外去再求自由的道理。"（《什么"自由大同盟"》，刊1930年4月20日《江苏党务周刊》）。鲁迅特意收藏了这份刊物，并批注"请看"二字。

当局为了所谓治安，堵塞言路，限制出版，令人愤慨。鲁迅说："我所抨击的是社会上的种种黑暗，不是专对国民党，这黑暗的根源，有

中国民权保障同盟会员证

远在一二千年前的，也有在几百年，几十年前的，不过国民党执政以来，还没有把它根绝罢了。现在他们不许我开口，好像他们决计要包庇上下几千年一切黑暗了！"假如因为抨击社会弊病，揭露黑暗，而被国民党当局认作共产党，那么，这样的共产党有什么不好？政府的高压政策，把鲁迅逼到同情共产党而与国民党对立的立场上了。

他写文章，抨击政府的政策，虽然没有指名道姓，措辞有时也比较委婉，但讽刺、挖苦、含沙射影的手法还是很明显的。他的杂文深受读者欢迎。政府的书报检查机关用各种手段压制，终于不能使他完全噤声和消失。他变换笔名，向各报刊投稿。从 1934 年起，他的一些杂文集被检查机关查禁，如《二心集》《南腔北调集》等。到后来，文网越收越紧，他到上海以后出版的几乎所有杂文集都被打上了黑叉。

1931 年，国民党在上海捕杀柔石等五名年轻的"左联"成员。鲁迅同他们中的几位有密切的交往和合作。他极为悲愤，写了多篇文章予以抨击，如《中国无产阶级革命文学和前驱的血》《黑暗中国的文艺界的现状》和《为了忘却的记念》等。他写道："统治者也知道走狗的文人不能抵挡无产阶级革命文学，于是一面禁止书报，封闭书店，颁布恶出版法，通缉著作家，一面用最末的手段，将左翼作家逮捕，拘禁，秘密处以死刑，至今并未宣布。这一面固然在证明他们是在灭亡中的黑暗的动物，一面也在证实中国无产阶级革命文学阵营的力量，因为如传略所罗列，我们的几个遇害的同志的年龄，勇气，尤其是平日的作品的成绩，已足使全队走狗不敢狂吠。然而我们的这几个同志已被暗杀了，这自然是无产阶级革命文学的若干的损失，我们的很大的悲痛。但无产阶级革命文学却仍然滋长，因为这是属于革命的广大劳苦群众的，大众存在一日，壮大一日，无产阶级革命文学也就滋长一日。我们的同志的血，已经证明了无产阶级革命文学和革命的劳苦大众是在受一样的压迫，一样的残杀，作一样的战斗，有一样的运命，是革命的劳苦大众的文学。"从这篇文章的措辞可以分明感知鲁迅当时接受马克思主义、认同阶级斗争学说的程度。

几位青年作家被捕期间，鲁迅担心自己也被追踪，在外国友人的帮助下，外出避难。在旅馆里，他写下一首诗，抒发内心的悲愤：

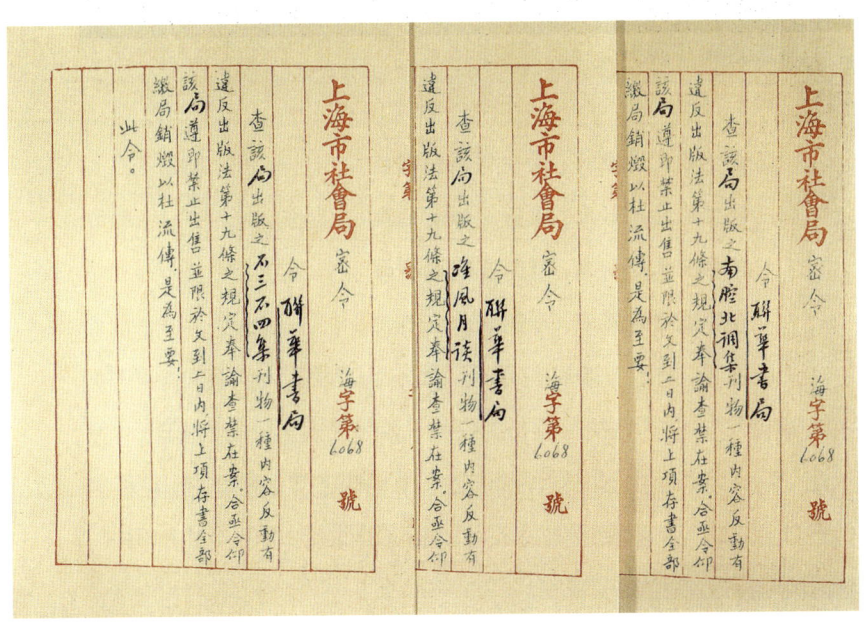

国民党检查机关对鲁迅著作实施禁令文件

《为了忘却的记念》手稿

惯于长夜过春时,挈妇将雏鬓有丝。

梦里依稀慈母泪,城头变幻大王旗。

忍看朋辈成新鬼,怒向刀边觅小诗。

吟罢低眉无写处,月光如水照缁衣。

1932年,鲁迅参加宋庆龄、蔡元培、杨杏佛等人组织的"中国民权保障同盟",并担任执行委员,积极营救民权人士。同年夏天,"蓝衣社"特务暗杀了中国民权保障同盟总干事杨杏佛。鲁迅在出席杨杏佛追悼会时,不带家里钥匙,表现了对特务的蔑视和不畏死亡的勇气。他以诗悼念这位战友:

岂有豪情似旧时,花开花落两由之。

何期泪洒江南雨，又为斯民哭健儿。

鲁迅虽然积极参加左翼活动，但从他在左翼作家联盟成立大会上的讲话就可以看出来，他对革命事业、革命队伍保持着清醒的头脑。在参加"左联"成立大会以后，他写信给朋友，谈了自己的感想："于会场中，一览了荟萃于上海的革命作家，然而以我看来，皆茄花色，于是不佞势又不得不有作梯子之险，但还怕他们尚未必能爬梯子也。"

最为他关注的，还是文艺创作。他倾向"左"，但更倡导"作"。有人讥讽左翼文人"左而不作"，他虽然予以反击，为战友辩护，但对这种倾向一直保持警惕，也时常告诫青年作家。他不同意"左联"一些领导人把文艺只当作宣传的工具，甚至强迫文艺家参加实际革命斗争如上街撒传单，搞飞行集会等做法。他在《文艺与革命》一文中谈到这个问题时说得很中肯："美国的辛克来儿说：一切文艺是宣传。我们的革命的文学者曾经当作宝贝，用大字印出过；而严肃的批评家又说他是'浅薄的社会主义者'。但我—— 也浅薄—— 相信辛克来儿的话。一切文艺，是宣传，只要你一给人看。即使个人主义的作品，一写出，就有宣传的可能，除非你不作文，不开口。……但我以为一切文艺固是宣传，而一切宣传却并非全是文艺，这正如一切花皆有色（我将白也算作色），而凡颜色未必都是花一样。革命之所以于口号，标语，布告，电报，教科书……之外，要用文艺者，就因为它是文艺。"

《悼杨铨》诗手迹

艺 文

上海时期,杂文是鲁迅写作的主要体裁。

然而,在有些批评家看来,杂文是不能称为创作的。

其实,鲁迅本人对此的看法前后也不一致。他有时说:"我的工作,除翻译及编辑的不算外,创作的有短篇小说集二本,散文诗一本,回忆记一本,论文集一本,短评八本,中国小说史略一本。"似乎把短评也归入"创作"。1932年,他应出版社约请,编了一本《自选集》,在序言中谦逊地说,自己的文字"可以勉强称为创作"的"至今只有这五种":《呐喊》《彷徨》《朝花夕拾》《野草》《故事新编》。批评界对鲁迅小说创作减少、杂文连篇累牍,颇多议论,他是经常看到的。他回应说:"有些人们,每当意在奚落我的时候,就往往称我为'杂感家',以显出在高等文人的眼中的鄙视,便是一个证据。"梁实秋在《新月》上发表了《"不满于现状",便怎样呢?》一文,说鲁迅:"只是一味的'不满于现状',今天说这里有毛病,明天说那里有毛病,有数不清的毛病,于是也有无穷尽的杂感,等到有些个人开了药方,他格外的不满……好像惟恐一旦现状令他满意起来,他就没有杂感可作的样子。"也有人劝多写小说和散文,不能浪费精力在杂文上。

但鲁迅不这么看。他说,他爱读杂文,是因为杂文"言之有物":

杂文这东西,我却恐怕要侵入高尚的文学楼台去的。小说和戏曲,中国向来是看作邪宗的,但一经西洋的"文学概论"引为正宗，我们也就奉之为宝贝，《红楼梦》《西厢记》之类，在文学史上竟和《诗经》《离骚》并列了。杂文中之一体的随笔，因为有人说它近于英国的Essay，有些人也就顿首再拜，不敢轻薄。寓言和演说，好像是卑微的东西，但伊索和契开罗，不是坐在希腊罗马文学史上吗？杂文发展起来，倘不赶紧削，大约也未必没有扰乱文苑的危险。以古例今，很可能的，真不是一个好消息。但这一段话，我是和不是东西之流开开玩笑的，要使他爬耳搔腮，热刺刺的觉得他的世界有些灰色。前进的杂文作者，倒决不计算着这些。

上海时期，鲁迅把杂文的写作技巧发挥到了极致。他的高超智慧，成熟理性，论辩才能，他的慈爱、欢欣、悲哀、郁愤，凝聚在这种短小精悍的文体中。他往往能把一些小事和普通的社会现象上升到普遍的高度；他不留情面地揭露丑恶现象，是为了治疗和改进。在他的愤激的言辞下面隐藏着对人世的关怀。"论世事不留面子"的态度、"贬痼弊常取类型"的方法，使他的杂文具有很高的艺术性。

为了躲避书报检查，他不得不变换很多笔名发表杂文。但他的文章风格独特，尽管用笔名发表，还是能被读者辨别出来。这一点也足以说明，他的杂文已经成为他的文风的

杂文集《伪自由书》封面

标志性文体，成为他的智慧的一种恰当的表现方式。

鲁迅针对当时人们对杂文、小品文的误解，撰写了《小品文的危机》，强调杂文的战斗性："小品文就这样的走到了危机。但我所谓危机，也如医学上的所谓'极期'（Krisis）一般，是生死的分歧，能一直得到死亡，也能由此至于恢复。麻醉性的作品，是将与麻醉者和被麻醉者同归于尽的。生存的小品文，必须是匕首，是投枪，能和读者一同杀出一条生存的血路的东西；但自然，它也能给人愉快和休息，然而这并不是'小摆设'，更不是抚慰和麻痹，它给人的愉快和休息是休养，是劳作和战斗之前的准备。"

鲁迅是中国现代新兴版画的倡导者和培育者。他既是中国新兴版画的严父，也是它的慈母。

木刻版画，中国古已有之。鲁迅说："镂像于木，印之于纸，以行远而及众，盖实始于中国。"木刻在明代达到高峰。清代后期，西方石印制版术传入后，中国传统雕版印刷术日渐衰落。

19世纪中叶，创作版画在欧洲兴起，也称为"新兴版画"，其区别于旧版画的关键之处，在创作者集画、刻、印于一手。

新兴版画也是左翼文化的产物，现实斗争的需要是其发展的一个重要原因。左联成立后，中国左翼美术家联盟随之成立。该组织倡导以阶级斗争和劳动人民生活为题材进行创作。鲁迅作为左翼文学的导师，敏锐地看到版画艺术的优点："当革命之时，版画用途最广，虽极匆忙，顷刻能办。"。

鲁迅大力提倡新兴版画是在20世纪20年代末。他认为，中国新兴木刻的发展一方面要"采用外国的良规，加以发挥，使我们的作品更加丰满"，一方面要"择取中国的遗产，融合新机，使将来的作品别开生面。"

鲁迅收藏的凯绥·珂勒惠支版画《织工起义》之一幅

　　他多方搜求外国版画,并同柔石等创办朝花社,印行版画作品。短短几年里,鲁迅印行的版画多达12种:《近代木刻选集》(两册,1929年),《新俄画选》(1930年)、《士敏土之图》(1931年)、《一个人的受难》(1933年)、《引玉集》(1934年)、《苏联版画集》(1936年)、《凯绥·珂勒惠支版画选集》(1936年)、《死魂灵一百图》(1936年)等等。此外,他还计划印行版画家白危撰写的《木刻创作法》,1933年11月校阅并作序,但由于种种原因,直到他去世后的1937年才出版。这是我国新兴版画史上第一本指导木刻创作的书。

　　鲁迅也编辑和翻印中国古代版画作品。他和郑振铎一道筹划编辑出版了《北平笺谱》(1934年),翻印明代的《十竹斋笺谱》(1935年)等。

第八章　左翼

除了编印画集,他还举办版画展览会和讲习班。他将自己收藏的外国版画拿出来展览,让版画青年们开阔眼界,提高技术。在上海举办的几次外国版画展览,如"西洋木刻展览会",1930年10月在上海北四川路举办,展出欧美名作70余幅;"德国作家版画展",1932年6月在上海瀛寰图书公司举办,展出作品约50幅;"德俄版画展览会",1933年10月在上海千爱里40号举办,展出作品66幅;"俄法书籍插画展览会",1933年12月在上海日本基督教青年会举办,展出作品40幅,他都积极筹划。

木刻艺术很快在中国蓬勃发展起来。木刻团体大量涌现。先是陈铁耕等人因受鲁迅所译苏俄文艺理论、欧洲版画的影响,组织"一八艺社",这是中国现代版画史上的第一个社团。1931年6月,在鲁迅的关怀和支持下,"一八艺社"举办了年度习作展览会。鲁迅称赞青年们的木刻作品是"以清醒的意识和坚强的努力,在榛莽中露出了日渐生长的健壮的新芽"。

鲁迅的朋友内山完造之弟内山嘉吉是一位版画家,当时在日本东京成城学园担任美术教师。1931年,他到上海来探亲。鲁迅鉴于中国当时缺乏版画师资力量,而青年木刻家们又急需掌握木刻技法,就邀他给中国木刻青年们授课。8月17日,鲁迅主办的"木刻讲习会"在上海一家日语学校的教室开课,至22日结束,为期一周。鲁迅每天参加,除亲任翻译外,还携带自己收藏的外国版画给学员们观摩,并分析讲解。

几年间,木刻社团遍地开花,出现了MK木刻研究会、现代木刻研究会、上海木刻研究会、春地画会、野穗木刻社、无名木刻社等等。现代版画会在1936年春夏之交举办了"第二次全国木刻流动展览会",先后在广州、杭州、绍兴等地展出,1936年10月2日到8日是

鲁迅与"一八艺社"联合举办的木刻讲习班结业合影

上海的展期。其时鲁迅已重病在身，但仍然前往观览。他欣慰地说："就总体而言，这回自然比以前进步多了。"他同青年木刻家们座谈，就木刻创作相关问题发表了精辟的见解。

1933年6月，一位美术学校学生写信给他说：

> 你是中国文坛的老前辈，能够一直跟着时代前进，使我们想起了俄国的高尔基。我们其所以敢冒昧的写信请你写文章指导我们，也就是曾想起高尔基极高兴给青年们通信，写文章，改文稿。在识字运动尚未普及的中国，美术的力量也许较文字来得大些吧，而今日中国的艺坛，是如此之堕落，凡学美术的和懂得美术的人，可以不负起纠正错误的责任么？自然，以先生的地位，是不便参加一个幼稚的团体的战斗的，不过，我们希望你于"谈谈文学"之外，不要忘记了美

术的重要才好。

说鲁迅是中国现代新兴木刻的慈母，是因为鲁迅十分关心爱护培养青年木刻家，让他们感到如沐春风般的快乐。说他是严父，则是因为鲁迅对他们的缺点总是及时给予严肃认真的批评。他写给木刻家的信很多，坦率真诚，对错误和不足直言不讳。如给张慧生的信中说："就大体而论，中国的木刻家，大抵有两个共通的缺点：一，人物总刻不好，常常错；二，是避重就轻，如先生所作的《船夫》，我就见了类似的作法好几张，因为只见人，不见船，构图比较的容易，而单刻一点屋顶、屋脊，其实是也有这倾向的。"又如给木刻家李雾城（陈烟桥）的信中说："这一幅构图很稳妥，浪费的刀也几乎没有。但我觉得烟囱太多了一点，平常的工厂恐怕没有这许多；又《汽笛响了》，那是开工的时候，为什么烟囱上没有烟呢？又，刻劳动者而头小臂粗，务须十分留心，勿使看者有'畸形'之感，一有，便成为讽刺他只有暴力而无知识了。"

鲁迅批评青年们的习作，多是在私下的通信中。公开的场合则以鼓励为主。草创期的中国新兴版画，很需要这样"严""慈"相济的态度。

鲁迅晚年仍致力于翻译，认为翻译是繁荣文艺、培育作家的良好途径。早年，他从东欧弱小民族文学中吸取营养，服务于本民族的解放事业。晚年，他的胸襟更加宽阔。在他看来，即便是帝国主义国家的文学，也有值得取法的地方。

他教导青年人看翻译作品，最好亲自动手翻译。他在《关于翻译》一文中说："我是主张青年也可以看看'帝国主义者'的作品的，这就是古语的所谓'知己知彼'。青年为了要看虎狼，赤手空拳的跑到深山里去固然是呆子，但因为虎狼可怕，连用铁栅围起来了的动物

第八章 左翼

少麒先生：

五月二八日的信早以到。又续写木刻七幅，后来也收到了。太伟大的变动，我们会无方表现的，也还这些年须作较，我们即使不够表现他的全盘，我们可以表现他的一角，巨大的建筑，总是一木一石叠起来的，我们何妨做这一木一石呢？我时常做些零碎事，就是为此。

"连续图画"作俑于大家有名，但首先要看是怎样的图画，也就是要看定这画是给那一种人看的，而构图，刻法，因而不同。比在的木刻，远是对于智识者而作的岳多，所以仿用这刻法于连续图画，一般的民众还是看不懂。看画也要训练。十九世纪末的那些画家不必说了，就是柯罗惠支的东西变成年画，他们也必要看到会有这

鲁迅致木刻家赖少其信

园里也不敢去,却也不能不说是一位可笑的愚人。"

有的创作家看不起翻译,把翻译贬为媒婆,而赞美创作是处女。在男女交际自由的时候,谁还喜欢和媒婆周旋呢,翻译当然要没落。至于翻译理论类著作,更有"批评家""幽默家"之流出来说风凉话,什么"硬译","死译",读译文"好像看地图"等等。鲁迅为翻译辩护,鼓励翻译者要勇敢,不能被外界的批评所吓倒。他说:"创作对于自己人,的确要比翻译切身,易解,然而一不小心,也容易发生'硬作','乱作'的毛病,而这毛病,却比翻译要坏得多。我们的文化落后,无可讳言,创作力当然也不及洋鬼子,作品的比较的薄弱,是势所必至的,而且又不能不时时取法于外国。所以翻译和创作,应该一同提倡,决不可压抑了一面,使创作成为一时的骄子,反因容纵而脆弱起来。……注重翻译,以作借镜,其实也就是催进和鼓励着创作。"

鲁迅一生翻译了15个国家110位作家的244种作品,体裁包括长短篇小说、戏剧、童话、诗歌、散文、文艺理论著作等。蔡元培评价鲁迅"既博览而又虚衷,对于世界文学家之作品,有所见略同者,尽量的移译,理论的有卢那卡尔斯基,蒲力汗诺夫之《艺术论》等;写实的有阿尔志跋绥夫之《工人绥惠略夫》,果戈理之《死魂灵》等,描写理想的有爱罗先珂及其他作者之童话等,占全集之半,真是谦而勤了。"

后期,鲁迅的翻译明显偏重俄苏文学。他最后选择翻译果戈理的鸿篇巨制《死魂灵》,为的是实现自己译一种世界名著的愿望,也是为了从经典文学中取法,因为他本人内心中一直酝酿着创作计划。他很看重这部译作。在逝世前一天早上,报纸送到了,他问家人报上有什么新闻,家人告诉他,《译文》杂志印出来,上面有他翻译的《死魂灵》出版的预告。此时，鲁迅身体已经非常虚弱，但他坚持要家人把报纸和眼镜拿给他。他一面喘气，一面细细地阅读《译文》广告，看了许久才放手。

有人批评说，他的译文读起来吃力，是"硬译"甚至是"死译"。他认为自己的译文在当时自有存在的价值，他说："我要求中国有许多好的翻译家，倘不能，就支持着'硬译'。理由还在中国有许多读者层，有着并不全是骗人的东西，也许总有人会多少吸收一点，比一张空盘较为有益。"

他的"直译"的主张，不是一种轻易提出的学理意味的口号，也不是一种标新立异，而是自己学习翻译的甘苦的总结。他用一个比喻来描述这个学习过程：

> 人往往以神话中的Prometheus比革命者，以为窃火给人，虽遭天帝之虐待不悔，其博大坚忍正相同。但我从别国里窃得火来，本意却在煮自己的肉的，以为倘能味道较好，庶几在咬嚼者那一面也得到较多的好处，我也不枉费了身躯：出发点全是个人主义，并且还夹杂着小市民性的奢华，以及慢慢地摸出解剖刀来，反而刺进解剖者的心脏里去的"报复"。
>
> ……
>
> 但我自信并无故意的曲译，打着我所不佩服的批评家的伤处了的时候我就一笑，打着我的伤处了的时候我就忍疼，却决不肯有所增减，这也是始终"硬译"的一个原因。自然，世间总会有较好的翻译者，能够译成既不曲，也不"硬"或"死"的文章的，那时我的译本当然就被淘汰，我就只要来填这从"无有"到"较好"的空间罢了。

在他看来，翻译的更重要的功能，是可以丰富中国语言的表达能

鲁迅翻译的苏联小说《十月》

力。他在这方面思考得很细致："但我想,我们的译书,还不能这样简单,首先要决定译给大众中的怎样的读者。将这些大众,粗粗的分起来:甲,有很受了教育的;乙,有略能识字的;丙,有识字无几的。而其中的丙,则在'读者'的范围之外,启发他们是图画,演讲,戏剧,电影的任务,在这里可以不论。但就是甲乙两种,也不能用同样的书籍,应该各有供给阅读的相当的书。供给乙的,还不能用翻译,至少是改作,最好还是创作,而这创作又必须并不只在配合读者的胃口,讨好了,读的多就够。至于供给甲类的读者的译本,无论什么,我是至今主张'宁信而不顺'的。自然,这所谓'不顺',决不是说'跪下'要译作'跪在膝之上','天河'要译作'牛奶路'的意思,乃是说,不妨不像吃茶淘饭一样几口可以咽完,却必须费牙来嚼一嚼。这里就来了一个问题:为什么不完全中国化,给读者省些力气呢?这样费解,怎样还可以称为翻译呢?我的答案是:这也是译本。这样的译本,不但在输入新的内容,也在输入新的表现法。中国的文或话,法子实在太不精密了,作文的秘诀,是在避去熟字,删掉虚字,就是好文章,讲话的时候,也时时要辞不达意,这就是话不够用,所以教员讲书,也必须借助于粉笔。这语法的不精密,就在证明思路的不精密,换一句话,就是脑筋有些胡涂。倘若永远用着胡涂话,即使读的时候,滔滔而下,但归根结蒂,所得的还是一个胡涂的影子。要医这病，我以为只好陆续吃一点苦，装进异样的句法去，古的，外省外府的，外国的，后来便可以据为己有。"

鲁迅在中国现代翻译史上占有重要的位置，他是现代翻译的前驱之一，被誉为"现代玄奘"。他的翻译理念和实践至今仍具有借鉴价值。

弟 子

鲁迅爱护青年，悉心培养后进。他与文学青年交往，有成功的经验，也有失败的教训。

北京时期，他与未名社成员的关系较为融洽，与狂飙社成员如高长虹、向培良等，则是先热后冷。

未名社在鲁迅的扶持下成长起来，其成员李霁野、台静农、韦素园以师礼事鲁迅，即使在未名社停业后仍与鲁迅保持良好的关系。

高长虹从崇拜鲁迅到与鲁迅决裂，并激烈地攻击鲁迅的过程，耐人寻味。1925年8月，《民报》刊登广告，说该报要增设副刊，约中国思想界之权威者鲁迅、钱玄同诸君为撰稿人。高长虹对"思想权威"这个提法很不满意，以为鲁迅默认了这种提法，是自高其位，自我膨胀。青年人对权威的质疑和反抗意识，应该说是一种进步的表示，可以理解。

后来，鲁迅主持的《莽原》周刊和半月刊不发表或少发表"狂飙"社成员向培良、高歌等人的作品，引起高长虹等人的不满。

鲁迅日记里曾有"夜买酒并邀长虹、培良等人共饮，大醉"的记录。1926年8月26日，鲁迅离开北京去厦门大学，向培良和高歌(高长虹之弟)等近20位文学青年为鲁迅送行。鲁迅对向培良是十分器重的。他主编的《乌合丛书》就收录了向培良的小说集《飘渺的梦及其他》。后来两人虽然关系不和，鲁迅还在他主编的《中国新文学大系·小说二集》中收录向培良小说三篇。

1929 年，向培良在上海南华书局任总编辑，主编《青春月刊》，提倡"为人类的文学"。时已"左倾"的鲁迅对此不以为然，在 1931 年 8 月发表的《上海文艺之一瞥》中批评道："类似的例，还可以举出向培良先生来。在革命渐渐高扬的时候，他是很革命的；他在先前，还曾经说，青年人不但嗥叫，还要露出狼牙来。这自然也不坏，但也应该小心，因为狼是狗的祖宗，一到被人驯服的时候，是就要变而为狗的，向培良先生现在在提倡人类的艺术了，他反对有阶级的艺术的存在，而在人类中分出好人和坏人来，这艺术是'好坏斗争'的武器。狗也是将人分为两种的，豢养它的主人之类是好人，别的穷人和乞丐在它眼里就是坏人，不是叫便是咬。然而这也还不算坏，因为究竟还有一点野性，如果再一变而为吧儿狗，好像不管闲事，而其实在给主子尽职，那就正如现在的自称不问俗事的为艺术而艺术的名人们一样，只好去点缀大学教室了。"

向培良发表《答鲁迅先生》一文，回击道："不过鲁迅先生虽然骂，也不过空空然白纸黑字，并无效力，既然已不能用对付《狂飙》周刊的旧法，又不能叫青年文艺警卫团警卫一下子，则鲁迅先生骂个痛快之后，也会自己感到无聊吧。前此他愤然说要停办《莽原》，我劝他不要学魏连殳的孤独。如今呢，谁知他反而学阿Q式的反抗。此老每于愤怒之余，便自己向下堕落，而今每况愈下，青年们真应该可怜一下子。"

文坛上有新旧之争，后浪推前浪，青年抨击老年，本是正常的。

鲁迅具有文坛领袖地位，青年作者如果得到他的鼓励，当然鱼跃龙门；而得到他的斥责，在文坛立足也就相当艰难。

在北京时期，鲁迅编辑文学丛书，收录高长虹的著作。鲁迅亲自为他选定篇目，帮助校对，并参与设计封面。但高长虹后来对鲁迅产生了怀疑和不满，对人说："他把我好的作品都选掉了，却留下坏的。"使鲁迅很伤心。

鲁迅扶持同乡许钦文，为他推荐刊物发表，后来亲自从他的发表作品中选编一个集子《故乡》，连封面怎么设计都提出意见，避难中睡在医院的水泥地上，还在认真校对。《故乡》出版后销路很好，许钦文名利双收。有出版商为赚钱，鼓动许钦文把落选的篇什也结集出版了。鲁迅知道后，摇头叹气说："我的选择很费了不少心血，把每一种的代表作都有了，其余那些，实在不能算很成功，应该再修养，不怕删削才会有成就呢！"还好，鲁迅和许钦文没有闹翻，一直保持着友好甚至亲密的关系。

鲁迅在上海倾向左翼，更致力于培养年轻作家。

1930年9月25日是鲁迅的生日，上海左翼文化团体提前一周在上海吕班路（今重庆南路）的荷兰西菜室秘密集会为鲁迅祝寿。二十多人参加。鲁迅携全家出席，大家谈得很愉快。鲁迅后来向朋友报告说："前几天有几个朋友给我做了一回五十岁的纪念，其实是活了五十年，成绩毫无，我惟希望就是在文艺界，也有许多新的青年起来。"

鲁迅为这些本来不相识的青年人推荐稿件，撰写序言，联系出版，费了很多精

许钦文著小说集《故乡》封面

力。他同青年们一起开办文化事业，虽然让他付出艰辛劳动或资财，但他也乐意从事。例如他同柔石等人一起创办朝华旬刊，出版文学和美术作品，合作过程中产生了不愉快，鲁迅耗费了不少资金，柔石虚掷了很多精力，自然是可惜的，但结识柔石这样的年轻人，也给他安慰和乐趣。

所以，当柔石及其他几位青年作家被国民党当局逮捕杀害，鲁迅十分悲愤，两年以后，他在《为了忘却的记念》一文中写道：

> 忽然得到一个可靠的消息，说柔石和其他二十三人，已于二月七日夜或八日晨，在龙华警备司令部被枪毙了，他的身上中了十弹。
>
> 原来如此！……
>
> 在一个深夜里，我站在客栈的院子中，周围是堆着的破烂的什物；人们都睡觉了，连我的女人和孩子。我沉重的感到我失掉了很好的朋友，中国失掉了很好的青年，……

鲁迅用"忍看朋辈成新鬼，怒向刀丛觅小诗"的诗句悼念这些青年朋友，并用德国版画家凯绥·珂勒惠支（Kāthe Kollwitz）的木刻作品《牺牲》纪念柔石——鲁迅说，在上海，柔石是他"惟一的不但敢于随便谈谈，而且还敢于托他办点私事的人"。珂勒惠支在战争中失去了儿子，这幅感人的作品刻画的是一个母亲闭着眼睛，悲哀地献出她的孩子。柔石那双目失明的母亲在浙东乡下日夜惦念着儿子。鲁迅在想，她得到儿子死去的消息，会怎么样呢？柔石等青年人牺牲那年，《北斗》杂志要编辑纪念专号，鲁迅本来想写悼念文章的，但极度的悲愤，使他不能著笔，只能用这幅木刻代言。

萧军和萧红从东北流亡到上海，因为受了鲁迅的帮助和指导，在文坛上站稳了脚跟，与鲁迅结下深厚的情谊。

珂勒惠支木刻《牺牲》

刚刚完成小说《八月的乡村》和《生死场》创作的萧军和萧红到上海后，立即写信给鲁迅，请求见面。鲁迅考虑到自己的安全，没有答应，使他们十分焦躁。后来鲁迅在内山书店会见了他们，并把他们带到附近的咖啡店交谈。结果，萧军、萧红的纯朴和爽直深得鲁迅好感。临别时，鲁迅取出二十元钱送给他们。不久，鲁迅帮助他们出版了《八月的乡村》和《生死场》，并作序褒扬。

萧军性格直率，甚至有些莽撞。鲁迅不但不以为无礼，反而很赞赏他的性格。相比之下，鲁迅更欣赏萧红的才华。他为萧红的小说《生死场》写序说，这部书"对于生的坚强，死的挣扎"的描写"力透纸背"，而"女性作者的细致观察和越轨的笔致，又增加了不少明丽和新鲜"，并断言萧红"比谁都更有前途"。

萧红常到鲁迅家来，她一来，鲁迅的情绪就好一些，谈话兴趣随之高涨。萧军、萧红感情一度不和，使萧红陷入悲伤和无助状态，于是经常到鲁迅家，有时一待就是一整天。有一天下午，鲁迅正在校对一本书，萧红走进屋来。鲁迅转过身，看是萧红，微微站起，说："好久不见，好久不见。"萧红诧异地说："不是上午刚来吗？即使先生忘了，可是我每天来呀……"

有一次，萧红在鲁迅家待到深夜。临走时，鲁迅特地嘱咐许广平给萧红零钱，让她乘车回去。

1936年夏天，萧红决定去日本。鲁迅不顾身体发烧，设家宴为她饯行。

鲁迅愿意同青年在一起，但他不愿做指导青年的所谓导师。他写道："青年又何须寻那挂着金字招牌的导师呢？不如寻朋友，联合起来，同向着似乎可以生存的方向走。你们所多的是生力，遇见深林，可以辟成平地的，遇见旷野，可以栽种树木的，遇见沙漠，可以开掘井泉的。"

青年应该胜过老年，这是鲁迅的期望。但像创造社、太阳社一班蔑视前辈、急于将文坛宿将推翻打倒从而取而代之的态度，他是厌恶和愤恨的。在《鲁迅著译书目》的结尾，鲁迅一面对自己历来的成绩做了谦逊的总结，一面也对创造社、太阳社及广大在"社"或不在"社"的青年们提出忠告：

但是，试再一检我的书目，那些东西的内容也实在穷乏得可以。最致命的，是：创作既因为

为萧红小说《生死场》做序言手稿

我缺少伟大的才能，至今没有做过一部长篇；翻译又因为缺少外国语的学力，所以徘徊观望，不敢译一种世上著名的巨制。后来的青年，只要做出相反的一件，便不但打倒，而且立刻会跨过的。但仅仅宣传些在西湖苦吟什么出奇的新诗，在外国创作着百万言的小说之类却不中用。因为言太夸则实难副，志极高而心不专，就永远只能得传扬一个可惊可喜的消息；然而静夜一想，自觉空虚，便又不免焦躁起来，仍然看见我的黑影遮在前面，好像一块很大的"绊脚石"。对于为了远大的目的，并非因个人之利而攻击我者，无论用怎样的方法，我全都没齿无怨言。但对于只想以笔墨问世的青年，我现在却敢据几年的经验，以诚恳的心，进一个苦口的忠告。那就是：不断的(!)努力一些，切勿想以一年半载，几篇文字和几本期刊，便立了空前绝后的大勋业。还有一点，是：不要只用力于抹杀别个，使他和自己一样的空无，而必须跨过那站着的前人，比前人更加高大。初初出阵的时候，幼稚和浅薄都不要紧，然而也须不断的(!)生长起来才好。并不明白文艺的理论而任意做些造谣生事的评论，写几句闲话便要扑灭异己的短评，译几篇童话就想抹杀一切的翻译，归根结蒂，于己于人，还都是"可怜无益费精神"的事，这也就是所谓"聪明误"了。

第九章　敌友

在孤独黑暗的环境里，鲁迅喜欢每日的晨昏、昼午与几个青年朋友海阔天空地谈论社会、人生与文艺，甚至不自觉地流露出父爱般的感情。从柔石到冯雪峰，在许多照片里我们都可以看到生动温馨的情景。看电影、游公园、逛书店、看画展，这些青年一直在陪伴着鲁迅。

知　己

鲁迅晚年,结识了中国共产党领导人瞿秋白,两人相识相交的时间虽然短暂,但结成了挚友。瞿秋白读过鲁迅很多文章,十分佩服。鲁迅也通过冯雪峰了解了瞿秋白的情况,看过他写的《莫斯科通讯》和一些译文,认为他的文章明白畅晓。有一年,曹靖华从苏联寄回《铁流》译稿,请求鲁迅联系出版。鲁迅审阅译稿发现,原书的序言没有译出,认为应该补上。他觉得瞿秋白是合适人选,就托冯雪峰转请瞿秋白担任。瞿秋白很快完成,署名"史铁儿"发表。鲁迅对译文十分满意,在《〈铁流〉编校后记》中说:"缺乏一篇好的序文,却实在觉得有些缺憾。幸而,史铁儿竟特地为了这译本而将涅拉陀夫的那篇翻译出来了,将近二万言,确是一篇极重要的文字。"不久,瞿秋白又用"易嘉"的笔名将俄罗斯作家卢那察尔斯基的剧本《被解放的董吉诃德》译出来,先在《北斗》刊载,后又出单行本,鲁迅则补译《作者传略》,并在《后记》中称赞瞿秋白的译本"注解详明,是一部极可信任的本子"。

鲁迅从日文转译了苏联作家法捷耶夫的小说《毁灭》,瞿秋白读了译本,写信给鲁迅说:

> 你的译文,的确是非常忠实的,"决不欺骗读者"这一句话,决不是广告!这也可见得一个诚挚,热心,为着光明而斗争的人,不能够不是刻苦而负责的。二十世纪的才子和欧化名士可以用"最少的劳力求得最大的"声望;但是,

这种人物如果不彻底的脱胎换骨，始终只是"纱笼"（Salon）里的哈叭狗。现在粗制滥造的翻译，不是这班人干的，就是一些书贾的投机。你的努力——我以及大家都希望这种努力变成团体的，——应当继续，应当扩大，应当加深。所以我也许和你自己一样，看着这本《毁灭》，简直非常的激动：

瞿秋白

我爱它，像爱自己的儿女一样。咱们的这种爱，一定能够帮助我们，使我们的精力增加起来，使我们的小小的事业扩大起来。

瞿秋白也坦率地对鲁迅的译本提出一些意见，指出误译之处。他诚恳地说："所有这些话，我都这样不客气的（地）说着，这自然是'没有礼貌'。但是，我们是这样亲密的人，没有见面的时候就这样亲密的人。这种感觉，使我对于你说话的时候，和对自己说话一样，和自己商量一样。"

鲁迅读了这封长信，立即给瞿秋白回信，以"同志"相称，语气非常诚恳，并将两封信以《论翻译》为题，发表在《十字街头》上。

1932年初夏的一天，神交已久的两人第一次会面，谈得非常投机。

瞿秋白在上海期间，国民党政府正对中央苏区实行军事"围剿"，共产党人随时都有被逮捕杀害的危险。1932年11月下旬至1933年7月，鲁迅三次接纳瞿秋白夫妇住在自己家里。1932年12月

23日深夜瞿秋白夫妇离开鲁迅家时，中共中央派陈云前来迎接。陈云后来回忆说，鲁迅将秋白夫妇送到门口，"向秋白同志说：'今晚上你平安地到达那里以后，明天叫人告诉我一声，免得我担心。'秋白同志答应了。一会儿，我们三人出了他们的房门下楼去，鲁迅和女主人在门口连连说：'好走，不送了。'当我们下半只楼梯的时候，我回头望望，鲁迅和女主人还在门口目送我们，看他那副庄严而带着忧愁的脸色上，表现出非常担心我们安全的神气。"

瞿秋白本来体弱多病，在上海期间，中央每月只发给他十几元的津贴。因为身份的关系，他不能有固定职业，因而生活十分艰难。鲁迅见此情景，就让瞿秋白翻译俄文作品，以稿酬贴补日常开支。1932年11月4日，鲁迅日记中有"晴，以《一天的工作》归良友公司出版，午后收版税二百四十，分与文尹六十"的记载。《一天的工作》是鲁迅翻译的俄罗斯短篇小说集，收10篇作品，其中的《一天的工作》和《岔道夫》两篇，由杨之华初译、瞿秋白校定，发表时署名"文尹"。

1933年2月，英国作家萧伯纳访问上海，中国报刊有关报道评论连篇累牍。鲁迅与瞿秋白商量把这些文章编成一本书。先由许广平到报摊上将相关的文章全部搜罗来，和杨之华共同剪贴，由鲁迅和瞿秋白取舍审订。书名是《肖伯纳在上海》，编者署名乐雯，鲁迅作序，瞿秋白写了卷头语。通过这种办法，稍稍缓解了瞿秋白的经济困难。

瞿秋白对鲁迅的杂文评价很高，想编一本鲁迅的杂文选，并对鲁迅的杂文创作和思想发展做一个较为全面的评价。在征得鲁迅的同意后，他夜以继日地阅读鲁迅著作，编成《鲁迅杂感选集》，并写了长篇序言。

瞿秋白也是杂文能手，时评文字笔法犀利，直指要害。其中《王道诗话》《伸冤》《曲的解放》《迎头经》《出卖灵魂的秘诀》《最艺术的国家》《〈子夜〉和国货车》《关于女人》《真假董吉诃德》《内外》《透底》《大观园的人才》《儿时》《中国文和中国人》等，用笔名发表在《申报》副刊《自由谈》等栏目。鲁迅曾把这些文章分别收入《伪自由书》《南腔北调集》和《准风月谈》。这些文章应该说是两人合作的成果，所以《鲁迅全集》《瞿秋白文集》均予收录。

1934年初，瞿秋白接到命令到江西瑞金任职。他向鲁迅辞行那天晚上，两人彻夜长谈，一直到第二天晚上才回家。他告诉杨之华："要见的都见到了，要说的话也说了。大先生和许广平身体都好，小海婴也很可爱。"

他赠送给鲁迅儿子的玩具，深受喜爱。他用的那张西式书桌，鲁迅一家一直妥善保存。

1935年，瞿秋白没有获准参加长征，而留在江西，不久被捕。他在真实身份没有暴露时，写信给上海的亲友求救。其中给鲁迅的信署名林其祥，托鲁迅寻找铺保。鲁迅接信，十分焦急，立即通过杨之华给瞿秋白寄去50元。但很快，他的身份暴露了，报纸公开了他被捕的消息，处境非常危险。鲁迅通过蔡元培等政要，希望疏通政府上层，营救好友。

瞿秋白被杀的消息传来，鲁迅悲愤至极，他对人才损失极为惋惜，对当局的暴行极为不满，好多天陷入忧郁和沉默。他在给友人的信中说：

> 中国人先在自己把好人杀完，秋即其一。肖参是他用过的笔名，此外还很多。他有一本《高尔基短篇小说集》在生活书店出版，后来被禁止了。……中文俄文都好，像他那样的，我看中国现在少有。

鲁迅晚年特别关注苏联文学，甚至追怀青年时代的梦想，对俄罗斯古典文学又发生了浓厚的兴趣。然而受语言限制，常感苦恼。当翻译《死魂灵》这样的巨著时，他不由得想起这位精通俄文的朋友：

> 《死魂灵》的原作，一定比译文好，就是德文译，也比中文译好，有些形容词之类，我还安排不好，只好略去，不过比两种日本译本却较好，错误也较少。瞿要不死，译这种书是极相宜的，即此一端，即足判杀人者为罪大恶极。

瞿秋白的书桌，今存上海鲁迅旧居

他写信给曹靖华说："中国事实早在意中，热心的或杀或囚，早替他们收拾了，和宋明之末极像。但我以为哭是无益的，只好仍是有一分力，尽一分力，不必一时特别愤激，事后又悠悠然。"鲁迅忍着悲痛，用实际工作来纪念朋友。其时，他病情已经很重，但他以顽强的毅力，编辑、校对瞿秋白的译文集，并托内山书店将书稿寄到日本，用最精良的纸张，印成《海上述林》两卷。《海上述林》的编者署名"诸夏怀霜社"，"诸夏"即中国，"霜"是瞿秋白的原名，"诸夏怀霜"寓意为中国记念瞿秋白。

鲁迅曾将清人何瓦琴的对联"人生得一知己足矣 斯世当以同怀视之"书赠瞿秋白，把瞿秋白当作"知己"。

鲁迅晚年遇到瞿秋白，是一大幸事；而失去瞿秋白，又是他的一大不幸。

鲁迅虽然引瞿秋白为知己，但毕竟瞿秋白有太明显的政治身份，他们的交往不能公开，而且两人相处时间太短，不能满足鲁迅晚年对于友情的渴求。在鲁迅身边，还有一些左翼作家、批评家，与他建立了亲密的关系。他们视鲁迅为长辈和老师。其中，冯雪峰、胡风、萧军、萧红等比较突出。

湖畔诗人冯雪峰，是鲁迅的浙江同乡，鲁迅欣赏他身上那种浙东人的"硬气"。经柔石引荐，冯雪峰与鲁迅相识。鲁迅得知冯雪峰在翻译马克思文艺理论著作，非常高兴。共同的兴趣让他们之间的关系很快亲密起来。冯雪峰在鲁迅的指导下完成了苏联伏洛夫斯基的《社会的作家论》、普列汉诺夫的《艺术与社会生活》等马克思主义文艺理论著作的翻译。他还协助鲁迅编辑文学期刊《萌芽月刊》，两人一起商定刊物的内容、封面。

有一个时期，为便于与鲁迅接触，冯雪峰干脆把家搬到鲁迅家附近。冯雪峰站在阳台上，看见鲁迅没有客人，就走过去谈天。兴致高

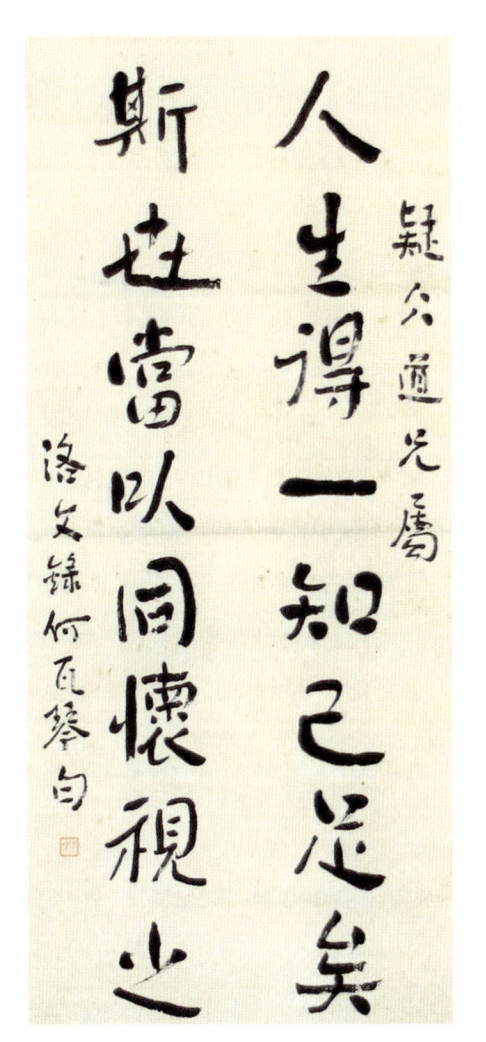

书何瓦琴联赠瞿秋白

的时候，一谈几个小时。共产党人冯雪峰从鲁迅那里汲取营养，同时也对鲁迅发生着影响。

有时冯雪峰还要出题目让鲁迅做，而且非做不可。鲁迅有时接受，有时拒绝。总起来说，他对这位同乡是欣赏和迁就的。许广平回忆道：

> 有时候听听他们谈话，觉得真有趣。F说："先生，你可以这样这样的做。"先生说："不行，这样我办不到。"F又说："先生，你可以做那样。"先生说："似乎也不大好。"F说："先生，你就试试看吧。"先生说："姑且试试也可以。"于是韧的比赛，F目的达到了。对庄严工作努力的人们，为了整个未来的光明，连自己的生命也置之度外的，先生除了尽其所能及之外，还有什么需要坚持？这时候见到的先生，在青年跟前，不是以导师出现，正像一位很要好，意气极相投的挚友一般。

有时他们谈到深夜两三点。冯雪峰离开后，鲁迅才开始做预约好的工作，直到天亮还不能休息。有人劝告鲁迅不能这样，鲁迅说："有什么法子呢？人手又少，无可推诿。至于他，人很质直，是浙东人的老脾气，没有法子。他对我的态度，站在政治立场上，他是对的。"

1929年9月，中共中央宣传部交给冯雪峰一个任务，让他与鲁迅联系，商谈成立"中国左翼作家联盟"之事。冯雪峰出色地完成了任务。鲁迅出席了成立大会并讲话。讲话稿后来由冯雪峰整理成《对于左翼作家联盟的意见》一文，经鲁迅修订，发表在《萌芽月刊》第1卷第4期上。瞿秋白第一次拜访鲁迅，也是由冯雪峰陪同的。

1936年4月的一天，经过长征的冯雪峰回到上海，向鲁迅传达了中共中央关于建立抗日民族统一战线的精神。当时，胡风也在座。随后，胡风与冯雪峰商量，并征得鲁迅的同意，提出了"民族革命战争的大众文学"的口号,与周扬等提出的"国防文学"口号唱起对台戏。双方展开了激烈的论争。在左翼文坛内部斗争中,鲁迅一直支持冯雪峰和胡风。

胡风早年也是鲁迅的崇拜者,在北大时听过鲁迅的课,还曾就鲁迅翻译的《苦闷的象征》中一个外文词的译法写信与鲁迅商榷。1933年,胡风因为在日本参加左翼运动而被捕入狱,6月被遣送回国。在上海,

鲁迅一家和冯雪峰一家合影

胡风见到鲁迅,加入左联,不久就担任左联的宣传部长,后来左联书记茅盾辞职,胡风接任。胡风帮着鲁迅做了不少事情。1934年鲁迅的杂文集《准风月谈》出版时,胡风亲拟广告。1935年年底,鲁迅托胡风找萧军、聂绀弩等协商,合办一个刊物。鲁迅为刊物拟名《闹钟》,胡风建议改为《海燕》,鲁迅表示同意,并亲笔写了《海燕》的刊名。胡风还曾用半年时间,义务为翻译鲁迅作品的日本人鹿地亘口译、解释。胡风的夫人梅志说,胡风"甚至把它看得比自己的工作还重要,往往是丢下自己正写的文章,按时赶到虹口区为鹿地当翻译和解说"。

在"两个口号"论争中,在左翼内部斗争中,鲁迅信任和支持胡风。有人污蔑胡风"诈",有人造谣胡风是特务、叛徒,鲁迅总是给予坚决的批驳。

友　朋

鲁迅不是社会活动家，交游不广。但他注重心灵的契合。同鲁迅交往过的人，无论长辈还是青年，无论同学还是学生，都对他的真诚、直率、幽默留下很深的印象。

鲁迅晚年的文字，怀念过去的时光和逝去的友人是一个重要内容。"五四"时期友人中，他对李大钊和刘半农看法比较好。他说：

> 守常先生……给我的印象是很好的：诚实，谦和，不多说话。《新青年》的同人中，虽然也很有喜欢明争暗斗，扶植自己势力的人，但他一直到后来，绝对的不是。

李大钊为主义而牺牲，鲁迅听到噩耗，陷入沉痛的回忆："椭圆的脸，细细的眼睛和胡子，蓝布袍，黑马褂，就时时出现在我的眼前，其间还隐约看见绞首台。"1933 年 5 月 6 日，鲁迅在日记中写道："得为守常募捐公函"，这是为了筹措资金把李大钊的灵柩移往香山万安公墓举行公葬。鲁迅立刻寄去 50 元。

刘半农"五四"前后与鲁迅交往密切，曾赠鲁迅一联"托尼学说魏晋文章"，可谓知言。他很欣赏鲁迅的文学才能。1927 年，瑞典学者斯文赫定同刘半农商议，拟提名鲁迅为诺贝尔文学奖候选人。其时已与鲁迅疏远的刘半农委托台静农写信给鲁迅征求意见。9 月 25 日，鲁迅复信台静农说："请你转致半农先生，我感谢他的好意，为我，为中国。但我很抱歉，我不愿意如此。诺贝尔赏金，梁启超自然不配，我也不配，要拿这钱，还欠努力。世界上比我好的作家何限，他们得不到。……我觉得中国实在还没有可得诺贝尔文学奖的人,瑞典最好不要理我们,谁也不给。倘因为黄色脸皮的人,格外优待从宽,反足以长中国人的虚荣心,以为真可以与别国大作家比肩了,结果将很坏。"他担心得了奖,有了名,就只能写写所谓"翰林文字"了。

后来,生活状态的变化、思想的差异,导致鲁迅和刘半农及"五四"时期的战友如钱玄同没有了共同语言。1930年2月22日,鲁迅在致章廷谦的信中,解释自己为什么不回北京教书的原因:"疑古(钱玄同)和半农,还在北平逢人便即宣传,说我在上海发了疯,这和林语堂大约也有些关系。"1932年11月,鲁迅回北平省亲。刘半农本来打算去看他,后被别人劝阻了。对此,鲁迅在刘半农去世后写文章说:"不过,半农的忠厚,是还使我感动的。我前年曾到北平,后来有人通知我,半农是要来看我的,有谁恐吓了他一下,不敢来了。这使我很惭愧,因为我到北平后,实在未曾有过访问半农的心思。"

鲁迅对刘半农的评价是:"但他的浅,却如一条清溪,澄澈见底,纵有多少沉渣和腐草,也不掩其大体的清。倘使装的是烂泥,一时就看不出它的深浅来了;如果是烂泥的深渊呢,那就更不如浅一点的好。"

与郁达夫的友情,在鲁迅后期交游中,比较有代表性。鲁迅交友,当然以互相欣赏为重要标准,虽然有"不打不相识"的说法,但互相攻击讽刺甚至谩骂,是容易结怨而难以成为朋友的。鲁迅同创造者曾经有过激烈的论战,但对同属于创造社的郁达夫就很有好感。因为,他觉得,郁达夫不像其他那些人满脸"创造气"——自高自大,唯我独尊。郁达夫很推崇鲁迅作品。早在1928年8月,郁达夫在《北新半月刊》第2卷第19号发表了《对于社会的态度》一文,指出:"至于我对鲁迅呢,也是无恩无怨,不过对他的人格,我是素来知道,对他的作品，我也有一定的见解。我总以为以作品的深刻老练而论，他总是中国作家中的第一人者，我从前是这样想，现在也这样想，将来总也不会变的。"三十年代初，针对有人否定鲁迅的文学成就，他用韩愈赞扬李杜文章的诗意，写了一首《赠鲁迅先生》：

醉眼朦胧上酒楼，彷徨呐喊两悠悠。

群盲竭尽蚍蜉力，不废江河万古流。

在上海期间，鲁迅与郁达夫合编文学月刊《奔流》，共出15期。这是一份侧重翻译介绍外国文艺作品和理论的刊物，编辑意图是想"把那些犯幼稚病的左倾青年，稍稍纠正一点过来"。鲁迅在"编校后记"中对郁达夫在刊物上发表的文字给予高度评价。而对于鲁迅为《奔流》付出的艰辛劳动，郁达夫也十分感激。他说，《奔流》名义上是他跟鲁迅合编的刊物，但约稿、校对、寄发稿酬等等琐事都是鲁迅一人出的力。1932年上海"一二八"战争爆发，鲁迅离寓避难，一时下落不明。郁达夫化名"冯式文"，以鲁迅亲戚的身份在1932年2月3日的《申报》上刊登寻人启

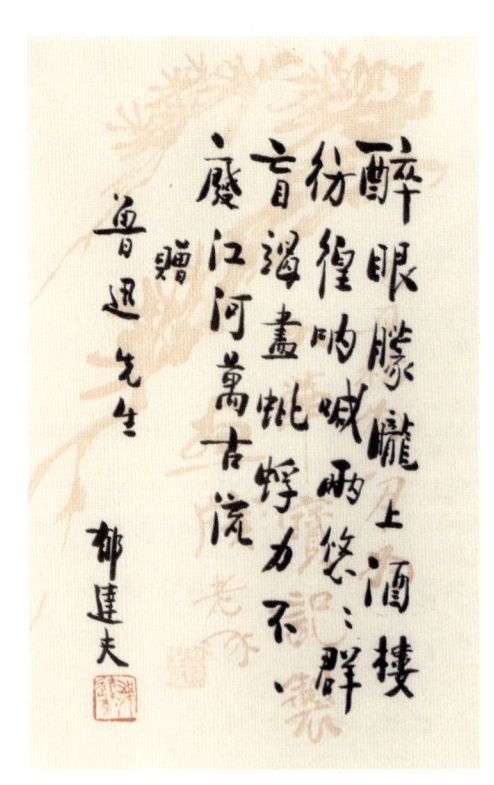

郁达夫赠鲁迅诗手迹

事，希望能尽快取得联系。这种交情，显然高于一般朋友了。郁达夫谈到他之所以能跟鲁迅缔交时说："一则因系同乡，二则因所处的时代，所看的书，和所与交游的友人，都是同一类属的缘故。"

鲁迅和郁达夫先后参加了中国共产党影响下的社会团体中国济难会(后改名为中国革命互济会)、中国自由运动大同盟、左翼作家联盟和中国民权保障同盟。他们先后被选为中国民权保障同盟上海分会的执行委员。1930年11月16日，左联以"投机和反动分子"的名义开除了郁达夫，鲁迅对此十分反感。他对冯雪峰说："极左最容易变右，右的也可以变化。郁达夫不写什么斗争文章，国民党对他也不会好的。"鲁迅对左联一些领导人的印象不好，与此有一定关系。

宋庆龄是中国民权保障同盟的发起人和领导者，鲁迅曾多次与她共同商讨同盟的工作。有一次，为抗议德国纳粹迫害文化人士的暴行，他们一起去德国驻上海领事馆递交抗议书。还有一次，当鲁迅得知共产党人黄平被捕后囚在天津狱中时，立即写信给宋庆龄和蔡元培，请求采取营救措施。英国著名作家萧伯纳来华访问到达上海，宋庆龄出面接待，特邀鲁迅到她的寓所会晤萧伯纳，并共进午餐。她把鲁迅当作中国文坛的代表。中国民权保障同盟停止活动后，宋庆龄和鲁迅仍保持联系。有一回，两人一起在苏联驻上海领事馆看电影，放映的片子是《夏伯阳》。看完后，苏联领事希望大家发表感想。鲁迅说："我们中国现在有数以千计的夏伯阳正在斗争。"这番话得到宋庆龄的赞赏。

1936年，鲁迅病重，朋友们千方百计为他请医生，劝他住院治疗，或者出国疗养。其中，宋庆龄来信写道：

周同志：

　　方才得到你病得很厉害的消息，十二分的耽心你的病状！我恨不能立刻来看看你，但我割治盲肠的伤口，至今尚未复原，仍不能够起床行走，迫得写这封信给你！

我恳求你立刻入医院医治！因为你延迟一天，便是说你的生命增加了一天的危险！！你的生命，并不是你个人的，而是属于中国和中国革命的！！！为着中国和革命的前途，你有保存、珍重你身体的必要，因为中国需要你，革命需要你！！！

……

宋庆龄 六月五日

宋庆龄称鲁迅为"周同志"，视鲁迅为战友。鲁迅也许并不知道，宋庆龄是共产国际在中国发展的成员。

鲁迅的外国友人中，欧美的以记者居多，如斯诺、史沫特莱等，而日本的朋友数量最多，方面最广。因为他早年留学日本，对日本有着一种追念青春式的情怀，而且由于交流的便利，来访问他的日本人比较多。其中有几位，有比较深的交往。例如内山书店的老板内山完造和翻译他的学术著作《中国小说史略》的增田涉。鲁迅对于日文书需求较大，内山书店离鲁迅住处不远，因此，鲁迅经常到内山书店看书、买书、喝茶，与老板建立了非常亲密的关系。他很照顾内山书店的生意，每年从这家书店所购图书很多，其中竟有些买回去完全不看的书。鲁迅平时很少把生人带到家中，而把内山书店当成了自己的会客场所，将客人约到内山书店谈话。他到内山书店的频繁程度及在书店的随便程度，往往让人误解，或者以为他就是内山书店的老板，或者怀疑他与日本人有不正当的关系。

"一二八"战争期间，鲁迅寓所处于战区，有一天，子弹竟射入家中，十分危险，不得不搬到内山书店避难。此后，每逢战乱或有其他

中国民权保障同盟 1933 年 2 月接待萧伯纳合影，左起：史沫特莱、萧伯纳、宋庆龄、蔡元培、伊罗生、林语堂、鲁迅

险情，鲁迅一家或在内山书店，或经内山安排到其他地方避难，最长的一次达一个月之久。总之，鲁迅得到内山的帮助是很多的。

内山写了一本关于中国的书《活中国的姿态》，请求鲁迅作序。中国和日本之间存在很多问题，战争随时可能爆发。鲁迅写道："据我自己想：只要是地位，尤其是利害一不相同，则两国之间不消说，就是同国的人们之间，也不容易互相了解的。"内山生活在中国，喜欢中国，想与中国人成为朋友，因此书中对中国多所赞扬，鲁迅对此有不同意见：

> 著者是二十年以上，生活于中国，到各处去旅行，接触了各阶级的人们的，所以来写这样的漫文，我以为实在是适当的人物。事实胜于雄辩，这些漫文，不是的确放着一种异彩吗？自己也常常去听漫谈，其实负有捧场的权利和义务的，但因为已是很久的"老朋友"了，所以也想添几句坏话在这里。其一，是有多说中国的优点的倾向，这是和我的意

见相反的,不过著者那一面,也自有他的意见,所以没有法子想。

在序文末尾,鲁迅写道:"据我看来,日本和中国的人们之间,是一定会有互相了解的时候的。新近的报章上,虽然又在竭力的说着'亲善'呀,'提携'呀,到得明年,也不知道又将说些什么话,但总而言之,现在却不是这时候。"由于对两国国情有较深的了解,鲁迅对中日关系保持着清醒的态度。有一次,他向一位日本来访者解释自己对中日关系的看法:"我认为中日亲善和调和,要在中国军备达到了日本军备的水准时,才会有结果,但这不能担保要经过几年才成。譬如,一个懦弱的孩子和一个强横的孩子二人在一起,一定会吵起来,然而要是懦弱的孩子也长大强壮起来,则就会不再吵闹,而反能很友好地玩着。"

他认为,使中国强大起来的办法之一,就是学习日本人的认真态度,改掉马马虎虎的陋习。鲁迅一生坚持这样的观点,宁可冒着被人视为"亲日派"甚至"汉奸"的危险,决不改变。

增田涉是东京帝国大学毕业生,在芥川龙之介、佐藤春夫的影响下喜欢中国文学。20世纪30年代初,经佐藤春夫和内山完造介绍,到上海在鲁迅指导和帮助下将《中国小说史略》译成日语。有一段时间,他们几乎每天都要进行这项工作。鲁迅和增田涉并坐在书桌旁,由增田涉把原文逐字翻译成日文念出来,念不好的地方由鲁迅加以纠正,遇到不明白的语句,则由鲁迅详加解释。增田涉觉得,鲁迅"和蔼可亲,完全可以信赖,因此能够随便地说话,毫不感到威严之类的重压……我日常接触的他,是一个好叔叔,连那漆黑的髭须,也增加他幽默的可爱。"有时候,他们一起看电影,看画展,一起去啤酒店喝啤酒。增田涉把鲁迅称为"恩师",他说:"总之,就我个人来说,直到现在所接触过的人——当然包括日本人,和鲁迅先生比较起来,在为人上我最尊敬他,对他感到亲爱……"

由于近距离地观察鲁迅,与鲁迅深入交谈,增田涉写下了自己对鲁迅的认识:"他的眼睛什么时候都贯注于中国和中国人的将来,考虑着要怎样做才能使现实的中国和中国人走向更加合理的、幸福

与内山完造合影,摄于1933年

的将来。我认为他对现实的中国和中国人的辛辣的、有时甚至于是恶骂的笔锋,实际上是他对本国和本国人民热爱的一种变形。那样冷彻刻薄的笔锋,只是一个旁观者,当然是使用不来的。……他由衷地爱着中国人,所以任何时候都思念着中国和中国人的将来。而对于将来,他显得有些悲观的看法。因此尽管特别怜爱现实的中国和中国人,却不得不挥动叱咤的鞭子。"这种状态下的鲁迅,如增田涉所见,"风貌变得非常险峻,神气是凛然的,尽管是非常战斗的,却显得很可怜。"

增田涉回国时,鲁迅赋诗送别:

  扶桑正是秋光好,枫叶如丹照嫩寒。

  却折垂杨送归客,心随东棹忆华年。

鲁迅晚年与日本友人交往,惯常的一个方式是赠诗,大多是自作诗,有时也抄录古人诗句。

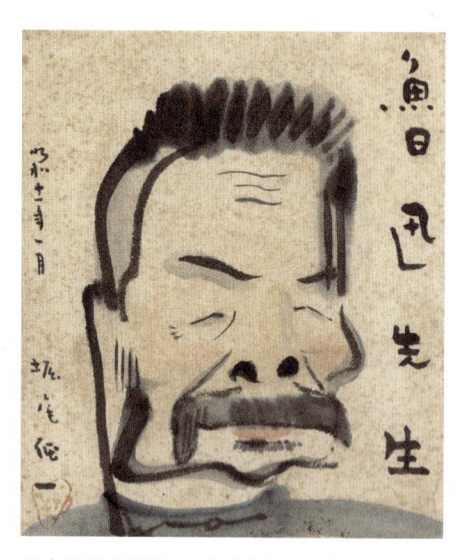

日本漫画家堀尾纯一为鲁迅画像，背面有画家题词："以非凡的志气，伟大的心地，贯穿了一代的人物"

"一二八"战争期间，日本生物学家西村真琴博士为了救援战争中的受伤者，率领大阪"每日免费治疗团"来到上海。他在已经成为废墟的闸北三义里捡到一只饥饿濒死的鸽子，带回日本饲养，希望这只来自中国的鸽子能和日本的鸽子生育后代，送回中国作为和平使者。可惜的是，这只鸽子第二年就死了。西村博士及亲友们立冢埋葬。

出于对鲁迅的景仰，西村博士写了一封信，连同自己画的鸽子图，一并寄给鲁迅，请求鲁迅写些文字。1933年6月21日《鲁迅日记》载："西村博士于上海战后得丧家之鸠，持归养之，初亦相安，而终化去，建塔以藏，且征题咏，率成一律，聊答遐情云尔。"诗云：

奔霆飞焰歼人子，败井颓垣剩饿鸠。

偶值大心离火宅，终遗高塔念瀛洲。

精禽梦觉仍衔石，斗士诚坚共抗流。

度尽劫波兄弟在，相逢一笑泯恩仇。

鲁迅晚年生病，一般到日本人开的医院就医，或者请日本医生到家里来诊治。1933年7月，须藤五百三开始为鲁迅家看病，此后几乎是作为唯一的主治医师为鲁迅诊疗，有时还带着他的儿子出诊。鲁迅一度病情危重，几位要好的朋友劝他看看其他医生，鲁迅不愿意更

诗《题三义塔》手迹

换。有一次，史沫特莱等瞒着鲁迅请来德国邓恩医师做了检查，结论是病情非常凶险。邓恩医生甚至说，要是在欧洲，这样的病人五年前就死掉了。

即便是这样，鲁迅仍不愿住院，不愿更换主治医师。一直到去世，他对须藤的信赖没有改变。

有人责难须藤医术不高明；更有人怀疑他心术不正。有人认为鲁迅不该过于信任日本人。但如鱼饮水，冷暖自知，每个人都有自己独特的经验和判断，有选择的自由。鲁迅厌恶中医，信任西医，因为交流方便的关系，更愿意看日本医生，自有他的道理。

横 站

鲁迅在上海期间的生活状态并不总是安稳平和的,有时候处境还十分艰难。除了与当局的文化压迫做斗争外,与文坛上各种势力的纠缠也耗费了他大量精力。他的生活是单调的,很少离开上海,平日除了到寓所附近的内山书店买书、谈天外,很少出门。这种生活方式,自然不利于他的健康。当他实在厌烦时,确曾想离开上海,到外地或外国,或疗养,换换环境,缓和一下心态;或离开纷争,重拾旧业,静下来做做学问。至于做学问的地方,他认为北京最好,那里图书资料丰富,又不像上海弥漫着商业气息。晚年,他两次回北京探亲,在北京多所学校发表演讲,称为"北平五讲"。但长期居住北京,对他而言并不现实。

有一次,一位青年朋友来信,愤慨于社会的堕落。鲁迅回信劝这位朋友"趁此时候,深研一种学问,古学可,新学亦可,既足自慰,将来亦仍有用也"。

鲁迅深知学问有益。他自己写作的论辩杂文,虽然有投枪匕首的威力,其间也免不了有一些意气之争。把生命耗费在这些纷争中,无暇文学创作和学术研究,他是于心不安的。

左联青年作家被捕后,鲁迅外出避难,社会上传言很多。鲁迅屡次致信朋友,讲明情况。1931 年 2 月 4 日他致信李秉中说:"我自旅沪以来,谨慎备至,几于谢绝人世,结舌无言。然以昔曾弄笔,志在革新。故根源未竭,仍为左翼作家联盟之一员。而上海文坛小丑,遂欲乘机陷之以自快慰。造作蜚语，力施中伤，由来久矣。哀其无聊，付之一笑。"又说，"文人一摇笔，用力甚微，而于我之害则甚大。老母饮泣，挚友惊心。十日以来，几于日以发缄更正为事，亦可悲矣。今幸无事，可释远念。然而三告投杼，贤母生疑。千夫所指，无疾而死。生丁今世，正不知来日如何耳。"第二天写信给荆有麟，谈及自己几年来的境遇说："我自寓沪以来，久为一班无聊文人造谣之资料，忽而开书店，忽而月收版税万余元，忽而得中央党部文学奖金，忽而收苏俄卢布，忽而往莫斯科，忽而被捕，而我自己，却全不知道有这么一回事。其实这只是有些人望我如此的幻想，据他们的小说作法，去年收了一年卢布，则今年当然应该被捕了，接着是枪毙。于是他们的文学便无敌了。"

在上海光华大学演讲后留影

更让他难过的是，同一阵营不但不团结协作，有时反而争斗得更激烈，伤害更深。他说："最令人寒心而且灰心的，是友军中的从背后来的暗箭；受伤之后，同一营垒中的快意的笑脸。"

1934年12月18日，鲁迅写信给杨霁云说："叭儿之类，是不足惧的，最可怕的却是口是心非的所谓'战友'，因为防不胜防。例如

第九章 敌友

绍伯（指田汉——引者）之流，我至今还不明白他是什么意思。为了防后方，我就得横站，不能正对敌人，而且瞻前顾后，格外费力。身体不好，倒是年龄关系，和他们不相干，不过我有时确也愤慨，觉得枉费许多气力，用在正经事上，成绩可以好得多。"

他同民族主义文学倡导者斗，同第三种人斗，同当局的检查机关斗，同左翼内部的各种错误倾向斗。他卷入"两个口号"论争，同周扬等左联领导人产生了尖锐的矛盾。他自比苦力，而把周扬等比做拿"鞭子"抽打苦力的"工头"，说："有些手执皮鞭，乱打苦工的背脊，自以为在革命的大人物，我深恶之，他其实是取了工头的立场而已。"他还说，在左联里"实做的少，监督的太多，个个想做'工头'，所以苦工就更加吃苦。现在翼已经解散，别组什么协会之类，我是决不进去了"。失望到了极点。

在鲁迅生命的最后阶段，左翼内部的宗派斗争愈演愈烈，给他本来虚弱的病体增添更沉重的打击。

徐懋庸本来是鲁迅很器重的青年作家，鲁迅曾为他的杂文集作序，大力褒扬。据徐懋庸在《我经历的文坛往事》一书中说，1934年初，《自由谈》编辑邀请鲁迅、郁达夫、林语堂、徐懋庸等十余位撰稿者聚餐，席间林语堂对鲁迅说："周先生又用了新的笔名了吧？"鲁迅反问道；"何以见得？"林语堂说："我看新近有个'徐懋庸'，也是你。"鲁迅哈哈大笑起来，指着一旁的徐懋庸说："这回你可没有猜对，徐懋庸的正身就在这里。"

鲁迅和徐懋庸同在左翼作家联盟中，本是战友。但在"两个口号"争论中，徐懋庸站在周扬一边，导致与鲁迅关系疏远。1936年8月1日，徐懋庸给鲁迅写了一封信，指责鲁迅"对于现在的基本的政策没有了解"，说鲁迅提出"无产阶级革命的大众文学"口号是在

"危害联合战线",不如"国防文学"口号更适应形势,还说鲁迅亲近的几个人如巴金、胡风、黄源等不正派,有问题。

鲁迅极为愤怒。他在给好友杨霁云的信中说:"徐懋庸也明知我不久之前,病得要死,却雄赳赳首先打上门来。"他委托冯雪峰起草了一封回信。鲁迅看了看草稿,不满意,不顾重病在身,用三天时间补充修改成《答徐懋庸并关于抗日统一战线问题》,连同徐懋庸的来信,公开发表了。冯雪峰起草的一些关于"两个口号"问题上的主张,他没做改动,如:"中国目前的革命的政党向全国人民所提出的抗日统一战线的政策,我是看见的,我是拥护的,我无条件地加入这战线,那理由就因为我不但是一个作家,而且是一个中国人,所以这政策在我是认为非常正确的……我赞成一切文学家,任何派别的文学家在抗日的口号之下统一起来的主张。"他补充的部分大多是关于宗派斗争的。

从修改补充的文字中可以分明地感受到鲁迅文笔的深刻老辣。这位生命即将走到尽头的人的笔,仍然是锋利的,甚至是致命的:

  首先应该扫荡的,倒是拉大旗作为虎皮,包着自己,去吓唬别人;小不如意,就倚势(!)定人罪名,而且重得可怕的横暴者。自然,战线是会成立的,不过这吓成的战线,作

五十三岁生辰照,摄于 1933 年 9 月

第九章 敌友

不得战。先前已有这样的前车,而覆车之鬼,至死不悟,现在在我面前,就附着徐懋庸的肉身而出现了。……我看徐懋庸也正是一个喊喊嚓嚓的作者,和小报是有关系了,但还没有坠入最末的道路。不过也已经胡涂得可观。(否则,便是骄横了。)例如他信里说:"对于他们的言行,打击本极易,但徒以有先生作他们的盾牌,……所以在实际解决和文字斗争上都感到绝大的困难。"是从修身上来打击胡风的诈,黄源的谄,还是从作文上来打击胡风的论文,黄源的《译文》呢?——这我倒并不急于知道;我所要问的是为什么我认识他们,"打击"就"感到绝大的困难"?对于造谣生事,我固然决不肯附和,但若徐懋庸们义正词严,我能替他们一手掩尽天下耳目的吗?而且什么是"实际解决"?是充军,还是杀头呢?在"统一战线"这大题目之下,是就可以这样锻炼人罪,戏弄威权的?我真要祝祷"国防文学"有大作品,倘不然,也许又是我近半年来,"助长着恶劣的倾向"的罪恶了。

鲁迅有高超的讽刺才能,他随处设防,随时反击,读者往往不经意间就能看到他掷出的一把把投枪匕首。他正告来信者道:"临末,徐懋庸还叫我细细读《斯太林传》。是的,我将细细的读,倘能生存,我当然仍要学习;但我临末也请他自己再细细的去读几遍,因为他翻译时似乎毫无所得,实有从新细读的必要。否则,抓到一面旗帜,就自以为出人头地,摆出奴隶总管的架子,以鸣鞭为唯一的业绩 —— 是无药可医,于中国也不但毫无用处,而且还有害处的。"

即便是写杂文和信函,鲁迅的文学才能也不时从字里行间洋溢出来。他当然知道徐懋庸背后是什么人。所以,他似乎是漫不经心地讲出一个故事:

胡风我先前并不熟识,去年的有一天,一位名人约我谈话了,到得那里,却见驶来了一辆汽车,从中跳出四条汉子:田汉,周起应,还有另两个,一律洋服,态度轩昂,说是特来通知我:胡风乃是内奸,官方派来的。我问凭据,则说是得自转向以后的穆木天口中。转向者的言谈,到左联就奉为圣旨,这真使我口呆目瞪。再经几度问答之后,我的回答是:证据薄弱之极,我不相信!当时自然不欢而散,但后来也不再听人说胡风是"内奸"了。

周起应就是周扬,另外两位是夏衍和阳翰笙。"四条汉子"一词,形象生动,寓意微妙,一经寓目,难以忘怀。

徐懋庸写这封信,有为组织及其负责人代言的成分,让鲁迅如此恼怒,引火烧身,是他始料未及的。在鲁迅葬礼上,徐懋庸所献挽联

上海大陆新村寓所二楼鲁迅的工作室兼卧室

耐人寻味：

> 敌乎友乎，余唯自问；知我罪我，公已无言。

鲁迅对待青年本是宽容的，但看到有些青年傲慢无礼，或者怀疑这些青年背后有人指使的时候——"徐懋庸们"当然是一群人——他就不客气了。

"五四运动"以后，《新青年》团体解散，鲁迅感到自己的呐喊声消失在沙漠一般的人海里，他成了"荷戟独彷徨"的"一卒"；晚年的鲁迅仍然寂寞，成了文坛上没有对手的老英雄。

第十章 遗嘱

在鲁迅的遗体上方，悬挂着蔡元培的挽联：「著述最谨严非徒中国小说史，遗言太沉痛莫做空头文学家。」六七千人的送葬队伍，在送殡的途中，人们唱起精心创作的《安息歌》：「你的笔尖是枪尖，刺透了旧中国的脸。你的声音是晨钟，唤醒了奴隶的迷梦。」

病与死

鲁迅晚年多病,有些病从青壮年时代开始就纠缠不去,不时发作。1928年5月一场大病后,肺结核与肋膜炎就一直威胁着他,使他经常发烧、咳嗽。1936年春天大病以后,身体再没有得到完全恢复,病情时轻时重,总体呈不断恶化趋势,体重一度降到38公斤。

多病的鲁迅,仍然坚持工作。病情稍有好转,他就催促自己"要赶快做"。任务一个接一个,永无完结。因为长期得不到休息,也因为黑白颠倒的生活习惯,他的健康大受损害。许广平在《鲁迅先生的写作生活》中这样记述道:"至于创作,更是加倍的当心的,就算三五百字的短评,也不是摊开纸就动手。那张躺椅,是他构思的好所在,那早晚饭前饭后的休息,就是他一言不发,在躺椅上先把所要写的大纲起腹稿的时候。每每文债愈多,腹稿愈忙,饭前饭后愈不得休息,更影响到他的胃纳不佳,食欲不振,这都是互有关系的。就这样磨掉了他的生命。"

鲁迅做事认真,不肯敷衍。他在《白莽作<孩儿塔>序》中说:"一个人如果还有友情,那么,收存亡友的遗文真如捏着一团火,常要觉得寝食不安,给它企图流布的。"不但《孩儿塔》和《海上述林》等朋友的遗著如此,就是一般读者托付的文稿,他也看得很仔细。便是写一封信,也往往颇费思量。如他自己所说,越老越忙,文字应酬越多。曾有人来信希望他像高尔基一样关爱和提携青年,以促进文学、美术事业的发展。他自觉不能全部如所期望,回信道:

许多青年,也像你一样,从世界上各种名人的身上寻出各种美点来,想我来照样学。但这是难的,一个人那里能做得到这么好。况且你很明白,我和他是不一样的,就是你所举的他那些美点,虽然根据于记载,我也有些怀疑。照一个人的精力,时间和事务比例起来,是做不了这许多的,所以我疑心他有书记,以及几个助手。我只有自己一个人,写此信时,是夜一点半了。

他以自身经验推断,进入体制的高尔基,已经不是"自己一个人"了。

繁重的工作之外,郁闷、愤怒也戕害他的身体。且不说政治和文化斗争,便是日常生活中也有种种不如意。许广平还说:"但是有时并不因为工作忙,而是琐屑之事,或者别人家一不留心,片言之间,毫不觉到的,就会引起不快,可能使他眠食俱废。在平常人看来,或者以为这是大可不必的,而对于他就觉得难堪了,这在热情非常之盛的人,是会这样的。然而这是于他的病体很不相宜的,或者也可以说,他的病体促成这急激的脾性。"

生命的最后阶段,鲁迅对居住环境也开始不满意。他在给曹白的信中就说:"种种骚扰,我是过惯了的,一二八时,还陷在火线里。至于搬家,却早在想,因为这里实在是住厌了。但条件很难,一要租界,二要价廉,三要清静,如此天堂,恐怕不容易找到,而且我又没有力气,动弹不得,所以也许到底不过是想想而已。"在给北京友人的信中说:"沪寓左近,日前大有搬家,谣传将有战事,而中国无兵在此,与谁战乎?故现已安静,舍间未动,均平安。惟常有小纠葛,亦殊讨厌,颇拟搬往法租界,择僻静处养病,而屋尚未觅定。"

所谓的"小纠葛",是指与邻居的关系。大陆新村系日本人建造,

百年巨匠 鲁迅 Lu Xun

1936年3月，鲁迅大病初愈摄于大陆新村寓所门前

北四川路底是上海日本人聚集区，邻居多为日本人。有一天，鲁迅的儿子与隔壁一个年龄比他大的日本小朋友发生冲突，不料，那小孩却手持日本国旗来骂，久久不肯罢休。鲁迅只好叫来铁匠把前面一扇铁栅门用铁皮完全钉起来，使外面看不见里面，才算平息了纠纷。另外，从1936年5月起，鲁迅寓所前面的邻居家排放煤烟，患有肺病的鲁迅闻到煤烟味很难受。这些原因加在一起，使鲁迅迫不及待找房搬家。逝世前几天他还把三弟建人叫到家里，吩咐尽快在法租界一带办理租房事宜。

鲁迅毕竟进入老年，很多事情力不从心。

他壮年的时候，写过一篇诗剧《过客》和一首散文诗《这样的战士》，都有自况的成分。过客生来就一直在往前走，即使脚走破了，身上受了伤，流许多血，也不停歇，包扎了伤口，继续前进，因为有声音常在前面催促他，召唤他。

《这样的战士》中的"战士"拿着原始的投枪，走进"无物之阵"，即便所遇见的是一式点头，是绣着各样好名称如慈善家、学者、文士、长者、青年、雅人、君子的旗帜，他都不为所惑，一律举起投枪，狠狠掷去，生命不息，战斗不止。

现在，这位战士衰老了，感到了乏力。他想到要休息。

他听从朋友们的劝告,计划到外地或外国去疗养。但种种条件限制,加上病情的不断恶化,使他未能成行。

1936年一场大病后,他写了一篇文章《"这也是生活"……》,其中有这样一段:

> 有了转机之后四五天的夜里,我醒来了,喊醒了广平。
>
> "给我喝一点水。并且去开开电灯,给我看来看去的看一下。"
>
> "为什么?……"她的声音有些惊慌,大约是以为我在讲昏话。
>
> "因为我要过活。你懂得么?这也是生活呀。我要看来看去的看一下。"
>
> "哦……"她走起来,给我喝了几口茶,徘徊了一下,又轻轻的躺下了,不去开电灯。
>
> 我知道她没有懂得我的话。
>
> 街灯的光穿窗而入,屋子里显出微明,我大略一看,熟识的墙壁,壁端的棱线,熟识的书堆,堆边的未订的画集,外面的进行着的夜,无穷的远方,无数的人们,都和我有关。我存在着,我在生活,我将生活下去,我开始觉得自己更切实了,我有动作的欲望 —— 但不久我又坠入了睡眠。

他留恋人生。

战士的名声是很好听的,但当战士就意味着苦难和牺牲。战士在一时一地的战斗中可以表现得很勇敢,但要一生时时保持战斗姿态,实属难能。其实,战士也需要修养,需要娱乐,需要慰安。鲁迅对生活有了新的体会:"战士的日常生活,是并不全部可歌可泣的,然而又无不和可歌可泣之部相关联,这才是实际上的战士。"

然而已经晚了。他的身体再不可能康复了。

学过医的鲁迅相信科学。生老病死，是正常现象。

他的病除肺结核和肋膜炎外，还有胃病，也是青年时代就埋下病根的。胃病可能诱发于两个场合，一个是在绍兴参加县试吃饱饭紧急赶往考场引发胃疼，一是在南京上学时为了御寒吃辣椒太多所致，再加上许广平所说的为了写作影响饮食，几个方面原因造成了他身体越来越衰弱。

但这些病，如果及时治疗，悉心调治，本不难康复。他在给母亲和朋友的信中，虽然对重病和死亡怀着担忧，却并没有无法治愈的悲观，对自己的康复还怀着希望。1936年7月6日，他写信给母亲陈述病情："男自五月十六日起，突然发热，加以气喘，从此日见沉重，至月底，颇近危险，幸一二日后，即见转机，而发热终不退。到七月初，乃用透物电光照视肺部，始知男盖从少年时即有肺病，至少曾发病两次，又曾生重症肋膜炎一次，现肋膜变厚，至于不通电光，但当时竟并不医治，且不自知其重病而自然全愈者，盖身体底子极好之故也。现今年老，体力已衰，故旧病一发，遂竟缠绵至此。近日病状，几乎退尽，胃口早已复元，脸色亦早恢复，惟每日仍发微热，但不高，则凡生肺病的人，无不如此，医生每日来注射，据云数日后即可不发，而且再过两星期，也可以停止吃药了。"8月15日他给世界社回信时说："我的病其实是不会全愈的，这几天正在吐血，医生连话也不准讲，想一点事就头晕，但大约也未必死。"

日本改造社社长山本实彦到上海拜访他，请他吃饭。后来在回忆录中写道：

> 那天，他脸色很苍白，但情绪却分外愉快，好像从平日的忧郁之中解放了出来。他威严的眼睛眯起来，这是愉快时

刻不留痕迹的一种表情。……他在那段日子里似乎已经想到自己在人世的日子不多了。死亡的预感好像已经不知不觉间偷偷挨近了他的身边。在那瞬息间的笑脸上笼罩着一丝阴云，然而他几次一饮倾杯，说肉的味道很好，不时把筷子伸到锅里。他一只手夹着香烟，一只手拿着筷子，没有一点倦怠的样子。

1936年7月，增田涉得到鲁迅重病的消息，专程到上海来看望，看到的景象让他心酸："鲁迅已经是躺在病床上的人，……像'受伤的狼'的样子。"有一天，鲁迅在家中请他吃午饭。鲁迅只吃了一点点东西，就对他说："我已经疲乏了，上楼去休息，你慢慢吃罢。"他一面靠着扶梯，一面由许广平扶着，脚步沉重地向楼上走去。增田涉感伤地目送着他的背影，心里想："先生已经没有希望了。"不过，在

1936年10月8日，鲁迅抱病到上海八仙桥观看"中华全国木刻第二回流动展览会"后，与青年木刻家座谈

增田涉眼中,(鲁迅的)"诚实、温和的心情,还是同过去一样。两三天之后,我因为第二天就要回国,去向他辞行,他已经准备好许多土产礼物;本来由广平夫人给包装了的,他说夫人的包法不好,自己抢过去给重新包了。我感到一种说不出的感谢、温暖的心情,默默地从侧面看着他那并不特别灵巧的双手的动作"。

1936年10月17日,鲁迅感觉体力尚可,就步行到离自己寓所不远的日本左翼作家鹿地亘的住处。鹿地亘正接受日本改造社的委托,翻译鲁迅杂文,胡风定期来为他解决疑难问题。这天,鲁迅同他们谈得愉快,出来后又去了内山书店。但在回家的路上受了风,晚上开始发烧。

10月18日凌晨,气喘突然发作,十分痛苦,挨到天明,他一面喘气,一面支撑着身体写了一张便条,让许广平送给内山完造。

内山赶紧打电话请来须藤医生。

鲁迅整整喘了一天,不能说话,脸色苍白,流汗不止。医生和看护妇用了各种办法,都无法缓解他的病情。

10月19日早晨5时25分,鲁迅与世长辞。

遗　嘱

鲁迅逝世前不久，许钦文到上海看望自己文学上的导师。

他见鲁迅身体衰弱，竟然连吃饭的力气都没有，内心十分凄怆。

鲁迅让许钦文挨近他坐，轻声说："钦文，我写了整整三十年，约略算起来，创作的已有三百万字，翻译的也有三百万字，出起全集来，有点像样了。"

听起来像是交代文学遗嘱。正说话间，许广平走进来，鲁迅可能是不愿让许广平听见这类不祥的话，停住了话头。

早在1936年初，鲁迅就有了总结以往文字成绩、系统编辑出版的计划。他在给曹靖华的信中说："回忆《坟》的第一篇，是一九〇七年作，到今年足足三十年了，除翻译不算外，写作共有二百万字，颇想集成一部（约十本），印它几百部，以作记念，且于欲得原版的人，也有便当之处。"

鲁迅为此拟了两个目录，一个分为十卷：一、《坟》《呐喊》；二、《彷徨》《野草》《朝华夕拾》《故事新编》；三、《热风》《华盖集》《华盖集续编》；四、《而已集》《三闲集》《二心集》；五、《南腔北调集》《伪自由书》《准风月谈》；六、《花边文学》《且介居杂文》《且介居杂文二集》；七、《两地书》《集外集》《集外集拾遗》；八、《中国小说史略》《小说旧闻钞》；九、《古小说钩沉》；十、起信三书、《唐宋传奇集》。所谓"起信三书"，鲁迅没有列出详目，许广平推测说："或即包括《嵇康集》，谢承《后汉书》《岭表录异》三种，而后两种至今未见。"大约与他的学术研究成果有关。鲁迅晚年重订学术研究计划，除了使小说研究更精细完备外，还打算编写《中国文学史》和《中国字体变迁史》。可惜上天不给他足够时间去完成。

另一种也是十卷，而且分成几大类：北京时期及以前的作品称为"人海杂言"，上海时期的杂文称为"荆天丛笔"，学术研究的成绩称为"说林偶得"。

这一计划没来得及实现。直到1941年，才由许广平整理编辑为《鲁迅三十年集》，以鲁迅全集出版社的名义出版。

鲁迅在《死》一文中写下给家属的几条遗嘱：

一、不得因为丧事，收受任何人的一文钱。——但老朋友的，不在此例。

二、赶快收敛，埋掉，拉倒。

三、不要做任何关于纪念的事情。

四、忘记我，管自己生活。——倘不，那就真是糊涂虫。

五、孩子长大，倘无才能，可寻点小事情过活。万不可去做空头文学家或美术家。

六、别人应许给你的事物，不可当真。

七、损着别人的牙眼，却反对报复，主张宽容的人，万勿和他接近。

其中关于丧事的意见后来并没有得到遵从，因为一些组织及民众对他的态度和感情，不容许草草埋葬，因而有了几千人沿途送葬的场面。

鲁迅希望许广平忘掉自己，过好她未来的生活。"管自己生活"实际上就是嘱咐她可以应该改嫁——然而这一条也没有得到遵从。

鲁迅和许广平同居后的感情是好的。许广平放弃自己的职业，全

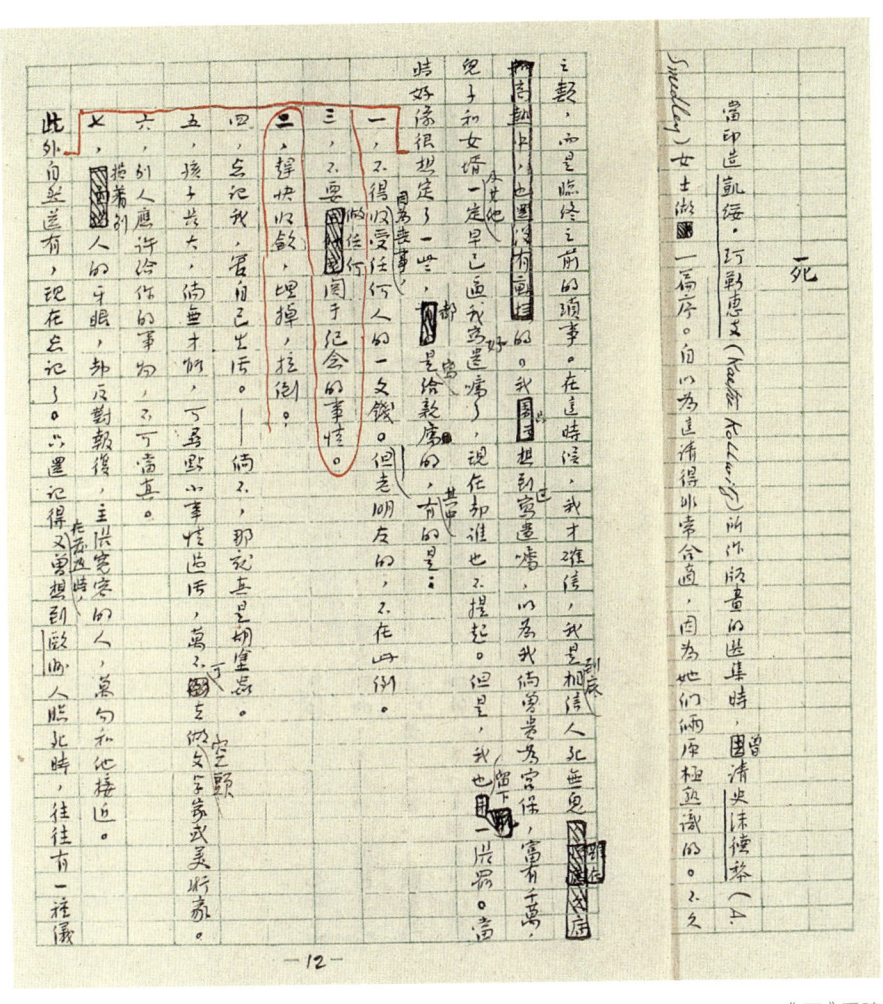

《死》手稿

心全意照顾他的生活，一家三口相依为命，使鲁迅晚年得到安宁的环境。晚年，鲁迅曾购买一部《芥子园画谱三集》赠送许广平，在扉页上题写了一首诗：

　　十年携手共艰危，以沫相濡亦可哀。

　　聊借画图怡倦眼，此中甘苦两心知。

他还抄录陶渊明的《归园田居》诗赠许广平，表达了与她相携隐居以度余生的愿望。

对于年幼的儿子，鲁迅没有什么奢望，"寻点小事情过活"，显示他理性和现实的一面。

这篇文字写成后，鲁迅拿给来访的冯雪峰看。冯雪峰觉得第一条"不得收受任何人的一文钱"，不太合情，建议修改。鲁迅想了一想，在这句话后面加上把"老朋友"作为特例的补充说明。冯雪峰读到"万不可去做文学家或美术家"这句话时，感觉不妥，说这样好像是在蔑视和否定所有的文学家和美术家。鲁迅同意修改，并斟酌出"空头"两字。其实他的本意，只是不让自己的后代从事文学艺术工作。

最后两条，既可以说是对家人的嘱咐，也可以看作是讲给世人的。鲁迅主张以牙还牙，早年写过《论"费厄泼赖"应该缓行》，申述"痛打落水狗"的意见。在介绍自己立下的七条遗嘱后，他继续写道："只还记得在发热时，又曾想到欧洲人临死时，往往有一种仪式，是请别人宽恕，自己也宽恕了别人。我的怨敌可谓多矣，倘有新式的人问起我来，怎么回答呢？我想了一想，决定的是：让他们怨恨去，我也一个都不宽恕。我也一个都不宽恕！"

鲁迅是精神意义上的医生，用文字"揭出病苦，引起疗救的注意"，因为态度冷峻，言辞犀利，招来很多批评。有人指责他对中国人的前途持悲观的态度，有虚无主义倾向。

作为中国人，鲁迅自然希望本民族自立自强；作为一个人，他秉持人道主义立场，对违反人性的种种社会弊端进行毫不留情的揭露和抨击。这矛盾起伏消长，使他的文字富有张力，同时也给他的内心带来痛苦。晚年的鲁迅寄希望于中国摆脱困境，实现复兴，而复兴的第一步就是深刻的自我反省。就在逝世前不久，他针对当时在上海放映

的外国人拍摄的"辱华影片",写下《立此存照(三)》一文,文中说:

> 其实,中国人是并非"没有自知"之明的,缺点只在有些人安于"自欺",由此并想"欺人"。譬如病人,患着浮肿,而讳疾忌医,但愿别人胡涂,误认他为肥胖。妄想既久,时而自己也觉得好像肥胖,并非浮肿;即使还是浮肿,也是一种特别的好浮肿,与众不同。如果有人,当面指明:这非肥胖,而是浮肿,且并不"好",病而已矣。那么,他就失望,含羞,于是成怒,骂指明者,以为昏妄。然而还想吓他,骗他,又希望他畏惧主人的愤怒和骂詈,惴惴的再看一遍,细寻佳处,改口说这的确是肥胖,于是他得到安慰,高高兴兴,放心的浮肿着了。
>
> 不看"辱华影片",于自己是并无益处的,不过自己不看见,闭了眼睛浮肿着而已。但看了而不反省,却也并无益处。我至今还在希望有人翻出斯密斯的《支那人气质》来。看了这些,而自省,分析,明白那几点说的对,变革,挣扎,自做工夫,却不求别人的原谅和称赞,来证明究竟怎样的是中国人。

早在1934年,鲁迅就在《中国人失掉了自信力了吗》中透露他内心珍藏着的对中国和中国人的爱敬:

> 中国人现在是在发展着"自欺力"。
>
> "自欺"也并非现在的新东西,现在只不过日见其明显,笼罩了一切罢了。然而,在这笼罩之下,我们有并不失掉自信力的中国人在。
>
> 我们从古以来,就有埋头苦干的人,有拼命硬干的人,有为民请命的人,有舍身求法的人,……虽是等于为帝王将

相作家谱的所谓"正史",也往往掩不住他们的光耀,这就是中国的脊梁。

这一类的人们,就是现在也何尝少呢?他们有确信,不自欺;他们在前仆后继的战斗,不过一面总在被摧残,被抹杀,消灭于黑暗中,不能为大家所知道罢了。说中国人失掉了自信力,用以指一部分人则可,倘若加于全体,那简直是诬蔑。

上溯到青年时代,鲁迅提出立人思想,呼唤明哲之士担当复兴中国的重任。这些明哲之士"洞达世界之大势,权衡校量,去其偏颇,得其神明,施之国中,翕合无间。外之既不后于世界之思潮,内之仍弗失固有之血脉,取今复古,别立新宗,人生意义,致之深邃,则国人之自觉至,个性张,沙聚之邦,由是转为人国。"

如何复兴中国,将其建成"人国",是鲁迅一生着力之所在。

他的相关文字,是他留给后人的"文化遗嘱"。

参考书目

- 《鲁迅全集》(18卷),人民文学出版社,2005年。
- 北京鲁迅博物馆:《鲁迅译文全集》(8卷),福建教育出版社,2008年。
- 周海婴:《鲁迅、许广平所藏书信选》,湖南文艺出版社,1987年。
- 《许广平忆鲁迅》,广东人民出版社,1979年。
- 周作人:《鲁迅的故家》,人民文学出版社,1957年。
- 周建人:《略讲关于鲁迅的事情》,人民文学出版社,1954年。
- 许寿裳:《亡友鲁迅印象记》,峨眉出版社,1947年。
- 许寿裳:《我所认识的鲁迅》,人民文学出版社,1952年。
- 孙郁、黄乔生:《回望鲁迅》丛书(22卷),河北教育出版社,2000年。
- 北京鲁迅博物馆:《鲁迅研究动态》(1980~1989)。
- 北京鲁迅博物馆:《鲁迅研究月刊》(1990~)。
- 北京鲁迅博物馆鲁迅研究室:《鲁迅研究资料》(24辑),文物出版社、天津人民出版社、中国文联出版公司出版。

后 记

一百年前，1917 年，文学革命运动兴起，中国现代新文学诞生。

一百年前的中国，皇权专制政体已然崩溃，共和肇始，以《新青年》为中心的新文化运动提倡民主科学，呼唤社会公平公正，致力于健全人格的塑造，有力推动了中国的现代化进程。

正如鲁迅所说："文艺是国民精神所发的火光，同时也是引导国民精神的前途的灯火。"新文化运动中，文学发挥了先锋作用，用白话文取代文言文，用人道的文学取代封建思想和陈词滥调，用小说戏剧等历来被视为低等文体的作品担当社会教育的重任，功绩卓著。文学革命开辟了中国文学的新天地，造就了灿若星河、熠熠生辉的文学巨匠和文艺精品。

灿烂群星中，鲁迅是最耀眼的一个。1918 年，鲁迅发表第一篇白话小说 —— 振聋发聩、惊世骇俗的《狂人日记》。随后的更多创作，思想深刻，形式新颖，显示了新文学的实绩。多亏鲁迅，新文学在发轫期就显示出高贵的气质和成熟的技巧。

鲁迅在文学道路上坚持一生，不离不弃。文学革命大潮消退，《新青年》团体分散，同仁们"有的高升，有的退隐，有的前进"，鲁迅虽然经历一个痛苦时期，处于所谓"两间余一卒，荷戟独彷徨"的状态，但仍顽强地在文艺园地里开垦。"一卒"看起来孤单无力，但从另一面看，正因为是"一卒"，却更显得勇敢、坚韧，令人敬佩。鲁迅扛着文学的旗帜，在失望和绝望的淬炼中，奔驰于北国南疆，广收博采中外文学精华，以文学巨匠、思想领袖蜚声文坛，培养了一大批文学才俊。

鲁迅生活在一个政治、文化充满冲突的转型期社会，面对各种挑战，忍耐琐碎和烦冗，左冲右突，上下求索。他当过教员、官员，当过业余作家，更当过卖文为生的专业作家，体验了知识者和文人的苦与乐。他的文字弥漫人间气味，不是高蹈的歌吟，很少浪漫的遐思。他的作品多为时事而作，揭出病苦，为的是引起疗救的注意，使人生趋于健康美善。

鲁迅从小浸润于中国传统文化，深知其优缺点；他青年时代开始接触外国文明，毕生以"拿来主义"精神，择取其有益成分，终成学贯中西、熔铸古今的巨匠。二十世纪上半叶，中国需要巨人也产生了巨人，鲁迅是其中有代表性的一个。他的思想博大深沉，充满张力，他的作品具有充沛的生命力，令人感动，给人启迪。

当今时代，融入全球化大潮，文化传统面临创新发展的中国，需要鲁迅这样的文化巨匠。

鲁迅是一位文学天才，而天才必须从历史文化社会的土壤中生长出来。正如鲁迅所言："在要求天才的产生之前，应该先要求可以使天才生长的民众。——譬如想有乔木，想看好花，一定要有好土；没有土，便没有花木了；所以土实在较花木还重要。"写鲁迅传记，自然需要"花木"和"土壤"兼顾。这本简传，因为篇幅限制，更因为作者学识浅陋，文采不足，深恐难以得兼，不能写出花木之美、土壤之厚的万一。

敬请读者批评指正。

黄乔生

2017年4月于北京官园